PAULO HENRIQUE DE MATTOS STUDART

PROCESSO ELEITORAL E SEGURANÇA JURÍDICA

Princípio da anualidade eleitoral e estabilização da jurisprudência

Paulo Henrique de Mattos Studart

PROCESSO ELEITORAL E SEGURANÇA JURÍDICA

Princípio da anualidade eleitoral e estabilização da jurisprudência

Del Rey editora

Belo Horizonte
2018

Impresso no Brasil | Printed in Brazil

EDITORA DEL REY LTDA
www.livrariadelrey.com.br

Editor: Arnaldo Oliveira

Editor Adjunto: Ricardo A. Malheiros Fiuza

Editora Assistente: Sirlene Santos Simões

Diagramação: Alfstudio

Revisão: Responsabilidade do autor

Capa: Alfstudio

Editora
Rua dos Goitacases, 71 – Loja 24A – Centro
Belo Horizonte-MG – CEP 30190-909
Comercial:
Tel.: (31) 3293 8233
vendas@editoradelrey.com.br
Editorial:
editorial@editoradelrey.com.br

S933p

Studart, Paulo Henrique de Mattos.
Processo eleitoral e segurança jurídica: princípio da anualidade eleitoral e estabilização da jurisprudência / Paulo Henrique de Mattos Studart. – Belo Horizonte: Del Rey, 2018. xvi, 172 p. – Inclui bibliografia.

ISBN: 978-85-384-0526-9

1. Direito eleitoral – Brasil 2. Justiça eleitoral – Brasil
3. Garantia (Direito) 4. Direitos políticos – Brasil I. Título

CDU(1976) 342.8(81)

Ficha catalográfica elaborada pelo bibliotecário Junio Martins Lourenço CRB 6/3167.

À Carla, com todo meu amor.
Obrigado por estar sempre ao meu lado, tornando meus dias muito mais alegres.

Prefácio

Muito me honrou o convite formulado pelo Dr. Paulo Henrique de Mattos Studart para prefaciar sua obra "O princípio da anualidade e as modificações na interpretação do Direito Eleitoral pelo Poder Judiciário", com a qual estreia nas letras jurídico-eleitorais.

A ótima qualidade do texto revela trabalho sério e comprometido com a realização de pesquisas profundas não só no domínio teórico-doutrinário, como também jurisprudencial.

Como declara o autor já na introdução, seu propósito principal foi "investigar o âmbito de proteção conferido pelo princípio da anualidade eleitoral". Este encontra-se previsto no art. 16 da Constituição Federal, que dispõe: "A lei que alterar o processo eleitoral entrará em vigor na data de sua publicação, não se aplicando à eleição que ocorra até um ano da data de sua vigência."

Desde logo, vale observar que o autor optou por tratar o citado art. 16 como *princípio*, e não como regra. Conquanto se possa discutir a natureza da norma inscrita naquele dispositivo, a jurisprudência e a doutrina geralmente conferem-lhe o *status* de princípio. Como tal, então, será aqui considerado.

O princípio em causa tem por função tutelar o processo eleitoral, sendo este – afirma o autor no item 4.3 – o seu "núcleo primordial de proteção". Seu escopo é assegurar uma relativa previsibilidade e estabilidade jurídica do referido processo, protegendo-o contra mudanças inopinadas do *direito aplicável* que possam surpreender os participantes e frustrar suas justas expectativas. A previsibilidade do arcabouço normativo reforça a segurança jurídica e propicia a normalidade e legitimidade do pleito. A mudança da norma aplicável durante ou já em momento próximo ao início do processo eleitoral pode prejudicar alguns candidatos e/ou partidos políticos ou beneficiar outros.

Garante-se, portanto, a liberdade e a igualdade de oportunidades ou de chances entre todos os concorrentes. Conforme acentua Óscar Sánchez Muñoz[1]: "Desde la perspectiva del elector [...] no puede existir una elección libre allí donde no haya existido una igualdad de oportunidades de entre los competidores electorales a la hora de influir en la formación de la voluntad electoral. Desde la perspectiva del competidor el princípio [da igualdade] no es sino un elemento integrante del contenido constitucional de su proprio derecho de aceso a los cargos públicos en condiciones de igualdad [...]".

Pode-se dizer que ao assegurar a estabilidade do processo eleitoral, o princípio da anualidade contribui para a plena realização dos direitos políticos ativos e passivos, beneficiando igualmente a todos os participantes daquele processo: cidadãos, candidatos, partidos, Justiça Eleitoral e demais órgãos envolvidos com a realização das eleições.

Por conseguinte, ele coopera para que as eleições sejam livres, isonômicas e justas. A propósito, Bernard Crick[2] põe em relevo as instituições características das democracias contemporâneas, destacando-se entre elas: o controle do governo por representantes eleitos pelos cidadãos (*"Control of government by members of a parliament or assembly etc. elected by citizens"*) e a existência de eleições livres, justas e frequentes – eleições essas cuja finalidade é provocar alternância no exercício do poder político estatal. E nunca é demais relembrar que vivemos em uma república, sob um Estado Democrático de Direito, que tem entre seus fundamentos a soberania popular e o pluralismo político, e que reconhece expressamente que "todo o poder emana do povo" (CF, arts. 1º e 14).

Note-se que ao tutelar o processo eleitoral o princípio da anualidade não faz qualquer distinção acerca da natureza da mudança, ou seja, não distingue entre alterações de caráter material e processual. Simplesmente veda a eficácia de mudanças ocorridas a menos de um ano das eleições. O que significa que quaisquer tipos de alterações não poderão incidir naquele período. E nem poderia ser diferente, pois o processo eleitoral constitui fenômeno altamente complexo: é um continente que encerra enorme gama de conteúdos e relações, os quais por vezes encontram-se entrelaçados, de modo que alterações

---

1 MUÑOZ, Óscar Sánchez. *La igualdad de oportunidades en las competiciones electorales*. Madrid: Centro de Estudios Políticos y Constitucionales, 2007, p. 35.

2 CRICK, Bernard. *Democracy*: a very short introduction. UK: Oxford University Press, 2002, p. 107.

de ordem processual podem afetar direitos não processuais (ou materiais), gerando instabilidade e insegurança jurídica.

Em sua literalidade, o texto do citado art. 16 da Constituição alude apenas à "lei". Uma interpretação gramatical e superficial daquele dispositivo poderia ensejar as errôneas conclusões de que nele o termo "lei": *i)* refere-se apenas ao texto (ou à concatenação de palavras) veiculado na lei; *ii)* refere-se apenas à categoria da lei ordinária.

No que concerne ao primeiro aspecto (*i*), tem-se que não é o texto legal, as palavras nele escritas, que se salvaguarda, mas sim o *direito* ou a *ratio juris* que a partir dele se erige. É cediço que lei e direito são coisas distintas e inconfundíveis. O direito só se patenteia com a interpretação do dispositivo legal à luz da realidade concreta considerada, pois, como lembra François Terré[3] "ce qui compte, ce n'est pas tant la volonté du législateur que les exigences du milieu social".

Como bem assevera o autor no item 5.3 da presente obra, o que permite o princípio em tela é "a estabilização de uma determinada referibilidade jurídica, de um determinado conteúdo jurídico", e não propriamente de uma certa descrição legal. Mesmo na jurisprudência do Supremo Tribunal Federal que versou sobre a anualidade eleitoral verifica-se grande confusão sobre esse ponto. Ora, a lei é o veículo da *norma*; essa última é construída (construída, repita-se, e não descoberta!) a partir da interpretação levada a efeito a partir daquela e das circunstâncias concretas que se apresentarem na espécie.

É intuitivo que o objeto de proteção do princípio enfocado só pode ser a *norma* – se se preferir: a norma legal, ou seja, a norma erigida a partir do texto da lei. Isso porque é a norma que fixa o sentido da ação a ser observada; é ela que conforma o agir na realidade. Tanto que a mudança de intepretação de um mesmo texto legal provoca a alteração da norma, sem que o texto se altere.

Já quanto ao segundo aspecto (*ii*), assinala o autor, corretamente, que o termo "lei" no citado art. 16 "deve ser interpretado de forma ampla", abrangendo, pois, outras espécies normativas com potencial para inovar no sistema jurídico, como a lei complementar, a emenda à Constituição, resoluções do Senado etc.

Dúvidas não restam de que a anualidade eleitoral impõe a não incidência de alterações no processo eleitoral promovidas pelo Poder Legislativo.

---

3 TERRÉ, François. *Introduction générale au droit*. 6e édition. Paris: Dalloz, 2003.

Mas o que me parece constituir o núcleo essencial da presente obra é a proposta do autor de uma análise ampliada do referido princípio, de modo a estender sua tutela a inesperadas modificações do processo eleitoral promovidas por atos emanados do Poder Judiciário. Com isso, o processo eleitoral ficaria resguardado de inovações intempestivas introduzidas tanto pelo legislador, quanto pelo juiz.

Afinal, por qual fundamento estaria o Poder Judiciário autorizado a alterar as regras do jogo eleitoral no meio da partida, a todos surpreendendo?

Sobre isso, vale trazer à cola a observação feita no item 5 da presente obra, segundo a qual "a abrupta mudança da interpretação da lei pelo Poder Judiciário, e em especial, pela Justiça Eleitoral, seja editando resoluções, respondendo a consultas, ou mesmo modificando sua jurisprudência, exerce enorme influência no quadro normativo que rege o processo eleitoral."

Exemplos de modificações inopinadas promovidas pelos tribunais superiores não faltam. Entre outras, são destacadas a determinação de verticalização para as coligações partidárias (Res. TSE nº 21045/2002), e os diversos indeferimentos de pedido de registro de candidatura dos chamados "prefeitos itinerantes", em que, após já ter pacificado entendimento segundo o qual não existe "impedimento para que o prefeito reeleito possa candidatar-se para o mesmo cargo em outro município" (TSE - Res. nº 21487/2003), a Corte Superior Eleitoral a todos surpreendeu ao passar a decidir o contrário, inclusive afirmando a ocorrência de "fraude consumada mediante o desvirtuamento da faculdade de transferir-se domicílio eleitoral de um para outro Município, de modo a ilidir-se a incidência do preceito legal disposto no § 5° do artigo 14 da CB" (TSE - REspe nº 32.507/ AL - PSESS 17/12/2008). Essa virada interpretativa certamente prejudicou muitos candidatos e partidos que confiaram no anterior e então pacífico entendimento.

É intuitivo que mudanças no arcabouço normativo realizadas pelo Poder Judiciário não podem incidir em processo eleitoral já em curso ou prestes a iniciar. É que esse arcabouço constitui a única referência dos participantes do processo eleitoral para orientar suas condutas, traçar estratégias de ação, controlar as eleições, etc. A permissão para que o Poder Judiciário possa alterar as regras em que todos confiaram para orientar suas ações implica não só infração à Constituição Federal – que estabelece a independência dos Poderes e fixa a competência de qual deles –, como também retrocesso no grau civilizatório em que nos encontramos.

Mas a pretensão de estabilização do processo eleitoral não pode ser absoluta, porque se o fosse haveria perigoso engessamento do direito, com impedimento à sua evolução e adaptação a novas situações.

De maneira que, ao abarcar também atos do Poder Judiciário, o princípio da anualidade restringe apenas *novas* interpretações de situações já anteriormente apreciadas e decididas, em relação às quais haja precedentes consolidados e que já venham sendo pacificamente observados. Isso porque há legítima expectativa de que essas normas serão observadas. Diferentemente, se a questão é apreciada pela vez primeira, se a Justiça ainda não se pronunciou sobre ela, não há obviamente que se falar em "mudança de entendimento". Para haver mudança, é preciso que o entendimento tenha sido firmado anteriormente.

Por isso, como bem assevera o autor no item 5.3, "não pode o juiz eleitoral ser acusado de violar o princípio da anualidade eleitoral simplesmente por ter decidido em desconformidade com a interpretação jurídica que partidos ou candidatos tinham ou nutriam a respeito de determinada questão legal."

Em conclusão, ao expor e problematizar tema tão atual e polêmico, a presente obra oferece uma excelente contribuição para as letras jurídico-eleitorais. Trata-se, sem dúvida, de ótima fonte de estudo e atualização na seara Eleitoral.

Boa leitura.

José Jairo Gomes

RESUMO

Positivado no art. 16 da Constituição da República Federativa do Brasil, o princípio da anualidade eleitoral preconiza que a lei que alterar o processo eleitoral entrará em vigor na data de sua publicação, não se aplicando à eleição que se realize até um ano da data da sua vigência. Tal princípio, ao diferir no tempo a aplicação da lei eleitoral, se revela instrumento vocacionado a resguardar a normalidade e legitimidade do processo eleitoral e o pleno exercício dos direitos políticos. Todavia, é uma realidade incontestável a de que interpretação da lei pelos tribunais se altera sem que tenha havido qualquer mudança nos textos legais. Nesse contexto, a abrupta mudança da interpretação da lei pela Justiça Eleitoral, seja editando uma resolução, respondendo a uma consulta, ou mesmo alterando sua jurisprudência, exerce enorme influência no quadro normativo que rege o processo eleitoral. É dentro dessa perspectiva que surge a indagação objeto da presente pesquisa, relacionada ao âmbito de proteção conferido pelo princípio da anualidade eleitoral: é ele restrito ao Poder Legislativo e ao processo legislativo formal? Ou alcança também o Poder Judiciário, especialmente a Justiça Eleitoral, quando, no exercício de suas atribuições, promove modificações na interpretação dos preceitos constitucionais e legais que dizem respeito ao processo eleitoral? O presente estudo pretende investigar essa questão, analisando em profundidade o princípio da anualidade eleitoral, sua relação com a segurança jurídica e a igualdade de chances nos prélios eleitorais, através da compreensão do processo eleitoral como legitimador da representação política e do exercício dos direitos políticos.

Palavras-chave: Eleições. Processo eleitoral. Direitos políticos. Segurança jurídica. Igualdade de chances.

SUMÁRIO

1
INTRODUÇÃO

A presente obra foi concebida em torno do princípio da anualidade eleitoral, previsto no art. 16 da Constituição de 1988, e que estabelece que a lei que alterar o processo eleitoral entrará em vigor na data de sua publicação, não se aplicando à eleição que se realize até um ano da data da sua vigência.

Tal princípio tem sido objeto de ampla discussão doutrinária e jurisprudencial, notadamente no âmbito do direito constitucional e do direito eleitoral.

Em grande parte, a doutrina aborda o princípio da anualidade eleitoral apenas sob o viés do processo legislativo, enfatizando a proteção conferida ao certame eleitoral contra mudanças casuísticas promovidas pelo legislador, relacionando o art. 16 da Constituição de 1988 aos princípios da igualdade e da segurança jurídica.

Todavia, pouco se debruçou sobre a aplicação desse preceito também às modificações do processo eleitoral efetuadas não por ação do legislador, mas como resultado da atividade dos juízes, no âmbito da interpretação e aplicação do direito eleitoral.

No presente trabalho, busca-se efetuar tal abordagem, estudando a aplicação desse princípio também no tocante à alteração da interpretação judicial a respeito de normas que regem o processo eleitoral.

A justificativa para tanto se consubstancia na observação de que a modificação da interpretação do direito eleitoral pelo Poder Judiciário tem provocado profundos reflexos na dinâmica eleitoral, tratando-se de circunstância presente diuturnamente nas eleições brasileiras, muitas vezes com grande intensidade, tão forte e marcante quanto as alterações promovidas formalmente pelo legislador.

Assim, trabalha-se com a hipótese de que em uma perspectiva voltada exclusivamente contra a ação do legislador, o princípio da anualidade eleitoral não dimensionaria todo o problema envolvido na alteração inoportuna do processo eleitoral.

Dessa forma, busca-se investigar o âmbito de proteção conferido pelo princípio da anualidade eleitoral, a partir da compreensão dos bens e valores jurídicos que ele busca tutelar, inserindo-se tal princípio no contexto normativo como um redutor de instabilidade, um instrumento mediador da mudança do processo eleitoral, vocacionado para tutelar a democracia, que tem nas regras do jogo a seu fundamento de sustentação.

As reflexões em torno do tema se deram com base na concepção do processo eleitoral como fator de legitimação da escolha dos mandatários que exercem o poder político em nome

do povo, daí decorrendo a relevância do arcabouço normativo que regula as eleições, e a importância de sua estabilidade.

Sob esse enfoque, objetiva-se compreender o conteúdo e a extensão do princípio da anualidade eleitoral, seus fundamentos e, ainda, o seu papel como instrumento vocacionado a resguardar a normalidade e legitimidade do processo eleitoral e o pleno exercício dos direitos políticos.

Para tanto, analisa-se em profundidade o princípio da anualidade eleitoral. Também se procura relacionar tal princípio à segurança jurídica e à igualdade de chances, dentro de uma perspectiva de tutela da normalidade e legitimidade do processo eleitoral.

É igualmente explorado o papel da Justiça Eleitoral na condução e regulação do processo eleitoral, por meio das suas funções administrativa, jurisdicional, normativa e consultiva, identificando e discutindo como tem se dado a aplicação do princípio da anualidade eleitoral pelo Tribunal Superior Eleitoral e Supremo Tribunal Federal.

Ainda nesse tocante, objetiva-se compreender o papel que o Poder Judiciário tem desempenhado na interpretação da legislação eleitoral, identificar os casos de rupturas dos paradigmas de interpretação dos preceitos legais em matéria eleitoral, e explicitar como vêm sendo aplicadas essas modificações de interpretação da lei durante os anos de eleição.

O estudo desenvolvido está embasado em pesquisa relacionada à legislação, à doutrina e à jurisprudência, concernentes ao tema.

A pesquisa jurisprudencial tem como marco inicial a positivação do princípio da anualidade eleitoral, com a promulgação da Constituição de 1988, abrangendo principalmente acórdãos do Supremo Tribunal Federal e Tribunal Superior Eleitoral.

A análise de conteúdo abrange, ainda, a legislação, as resoluções editadas e as consultas respondidas pelo Tribunal Superior Eleitoral.

No que toca aos setores de conhecimento, a obra se insere em uma perspectiva interdisciplinar, pois aborda conteúdos relacionados ao direito constitucional, direito eleitoral, direito processual, à hermenêutica jurídica e constitucional.

Trabalha-se, também, comparativamente, estabelecendo-se relação entre o princípio da anualidade eleitoral e mecanismos de modulação dos efeitos das decisões proferidas pelo Poder Judiciário, buscando-se compreender as possibilidades de ampliação do âmbito de aplicação do princípio da anualidade eleitoral.

O trabalho foi subdividido em seis capítulos, computando-se a introdução e a conclusão.

Inicia-se pela exposição do papel do processo eleitoral nas democracias contemporâneas, como forma de legitimação do exercício do poder, destacando alguns aspectos relevantes dos processos democráticos na atualidade, notadamente a necessidade de estabelecimento de regras de cunho igualitário que possibilitem a formação de consensos procedimentais.

Em seguida, é dado enfoque ao controle das eleições, mediante exposição de sua origem, razões e desenvolvimento, resultando no atual desenho institucional da Justiça Eleitoral, órgão que além de funções jurisdicionais, detém competências peculiares, de natureza administrativa, consultiva e normativa.

O capítulo subsequente aborda em profundidade o princípio da anualidade, enfrentando as questões controvertidas que o cercam, buscando-se compreendê-lo como garantia constitucional voltada a resguardar a normalidade e a legitimidade do processo eleitoral e o pleno exercício dos direitos políticos, funcionando como mecanismo estabilizador do quadro normativo que rege o processo eleitoral, tutelando a segurança jurídica e a igualdade de oportunidades.

No quinto capítulo, desenvolve-se o problema central da obra, demarcando-se o âmbito de proteção conferido pelo princípio da anualidade eleitoral, notadamente em face dos pronunciamentos emanados do Poder Judiciário e do fenômeno da criação judicial do direito.

Ao final, seguem-se as considerações conclusivas.

2
O REGIME DEMOCRÁTICO E A REALIZAÇÃO DE ELEIÇÕES

O presente trabalho parte da concepção de processo eleitoral como condição de possibilidade para democracia na atualidade, e do princípio da anualidade eleitoral como uma das garantias do regime democrático. Esse é o pano de fundo com base no qual toda a pesquisa se desenvolveu.

Diante disso, faz-se necessário estabelecer algumas premissas sobre a democracia, notadamente em sua concepção contemporânea.

Ao longo do capítulo, busca-se esclarecer que a democracia atual é eminentemente indireta, o que joga sobre o processo eleitoral uma enorme responsabilidade na sustentação de todo o sistema democrático.

2.1 Democracia e soberania popular

Discorrer sobre democracia não é tarefa das mais simples. São múltiplas as possibilidades de compreensão do que é democracia, considerada, em primeiro lugar, a natureza ampla, abrangente e mesmo difusa do termo. Como adverte José Jairo Gomes (2013,

p. 38), a imprecisão semântica e indeterminada da palavra possibilita que mesmo regimes ditatoriais se reconheçam ou se autointitulem democráticos, adotando a democracia não como uma autêntica prática na vida pública da sociedade, mas como uma mera rotulação, de natureza apenas retórica e vazia de conteúdo.

Também não são poucas as teorias existentes sobre democracia, objeto de estudo por múltiplas áreas do conhecimento humano, tais como a Ciência

Política, a Sociologia, a Filosofia e o Direito, o que dificulta o trabalho de definição do termo.

Não se trata, ademais, de conceito estático e atemporal, sujeito que está às contingências do próprio desenvolvimento do homem, da sociedade e do Estado ao longo da história. Assim, em verdade, nunca haverá uma única e perfeita definição de democracia, quer porque tal definição em si é objeto de amplo dissenso, quer porque ela é mutável, se altera com o tempo, como, a rigor, são todas as manifestações culturais, criações e expressões do ser humano.

Como exemplo do caráter histórico do conceito de democracia, podemos dizer que, para os antigos, a imagem de democracia era a de uma praça ou uma assembleia, na qual os próprios cidadãos eram chamados a decidir os assuntos de interesse próprio e de sua comunidade, realidade hoje impensável.

A Grécia da Antiguidade, aliás, é comumente apontada como o berço da democracia ocidental. Naquele período, as decisões políticas de interesse da comunidade eram tomadas diretamente, na *ágora*, pelos detentores do poder político, o que, segundo Bobbio, permitia que a palavra "democracia" significasse exatamente o seu designo literal: "poder do *démos*, e não, como hoje, poder dos representantes do *démos*". (BOBBIO, 2000, p. 372)

Como ensina Paulo Bonavides (2000), a importância que se deu às práticas democráticas gregas, mais precisamente pela forma imediata de exercício das deliberações, diretamente pelo povo, levou filósofos da expressão de Rousseau, Hegel e Nietzsche a entenderem "que verdadeiramente livre foi o homem grego e não o homem moderno; o homem das praças atenienses e não o homem da sociedade ocidental de nossos dias." (BONAVIDES, 2000, p. 349)

Tratava-se, é verdade, de regime político altamente participativo, no qual as práticas deliberativas se davam sem intermediários, debatendo os cidadãos diretamente as ações políticas e de exercício do poder, objetivando a formação da vontade política do Estado.

No entanto, embora o cidadão grego da antiguidade tenha experimentado um dos mais marcantes regimes de deliberação política de que se tem conhecimento ao longo da história, o sufrágio não era universal, mas, ao contrário, muito restrito. A sociedade grega antiga contava com enorme contingente de escravos e libertos que nunca poderiam aspirar à cidadania. (SILVA, J., 2001, p. 133)

Tal fator, por si só, dificilmente permitiria que compreendêssemos a forma de democracia adotada na Grécia antiga como um regime democrático na atualidade, tendo em vista que a universalização do direito de sufrágio e o respeito aos direitos humanos, inclusive políticos, hoje parecem ínsitos à ideia de democracia.

Sobre o sufrágio universal, é ele hoje um pressuposto indissociável dos regimes democráticos, devendo, na maior medida possível, haver a plena inclusão dos indivíduos nos processos políticos do Estado. É possível dizer, mesmo, que na concepção contemporânea de democracia o sufrágio universal consiste em elemento mais fundamental do que a própria participação direta do cidadão nas deliberações políticas, e os atuais regimes de democracia representativa são a maior prova disso. Basta dizer que é possível conceber regimes democráticos na atualidade majoritariamente representativos, e com reduzida participação direta do cidadão nas decisões governamentais; mas, dificilmente, se reconheceria na atualidade como democrático um regime participativo de poucos, cuja tônica seja a exclusão, privando indivíduos do exercício de direitos políticos com base em fatores como riqueza, sexo ou raça. (STUDART; SANTOS, 2014)

Essas colocações servem apenas para ilustrar que a democracia não é um conceito unívoco e tampouco atemporal, podendo ser trabalhado sob múltiplas e distintas dimensões e perspectivas.

Norberto Bobbio, por exemplo, busca definir o que é democracia a partir de suas notas distintivas em relação a outras modalidades de regimes políticos. De acordo com o autor, a democracia é "a forma de governo na qual o poder é exercido por todo o povo, ou pelo maior número, ou por muitos, e enquanto tal se distingue da monarquia e da aristocracia, nas quais o poder é exercido, respectivamente, por um ou por poucos." (BOBBIO, 1987, p. 137)

Para José Afonso da Silva, democracia "é um processo de afirmação do povo e da garantia dos direitos fundamentais que o povo vai conquistando no decorrer da história", sendo marcado como um regime no qual "o poder emana do povo, pelo povo e em proveito do povo". (SILVA, J., 2001, p. 130).

Valendo-se da famosa fórmula de Abraham Lincoln (governo do povo, pelo povo e para o povo), José Afonso da Silva defende que

> Governo do povo significa que este é a fonte e titular do poder (todo poder emana do povo), de conformidade com o princípio da soberania popular que é, pelo visto, o princípio fundamental de todo regime democrático. Governo pelo povo quer dizer governo que se fundamenta na vontade popular, que se apoia no consentimento popular; governo democrático é o que se baseia na adesão livre e voluntária do povo à autoridade, como base da legitimidade do exercício do poder, se efetiva

> pela técnica a representação política (o poder é exercido em nome do povo). Governo para o povo há de ser aquele que procure liberar o homem de toda imposição autoritária e garantir o máximo de segurança e bem-estar. (SILVA, J., 2001, p. 139)

É importante observar que, qualquer que seja a definição de democracia, ela sempre terá um elemento central, que é o povo como titular da soberania.

A ideia de soberania está intrinsecamente ligada à ideia de poder em sua mais suprema formatação. Isso significa dizer que o poder soberano é aquele capaz de se sobrepor e subordinar todas as demais formas de manifestação do poder na sociedade humana. É, ainda, o poder original, ou fonte de poder, no sentido de que dele decorrem, ainda que apenas implicitamente, todas as demais formas de manifestação do poder estatal.

A soberania, no entanto, não necessariamente está fundamentada na vontade popular. A humanidade já conviveu, e ainda convive, com a soberania assentada em distintas formas de legitimação, a exemplo do que ocorre com as teorias teocráticas. Nesse sentido, o exercício do poder já esteve justificado, por exemplo, pela ideia de que os governantes estariam investidos de poderes lhes outorgados por Deus, ou mesmo de que os governantes seriam divindades na terra, explicando-se a legitimidade, assim, em critérios sobrenaturais. (BONAVIDES, 2000)

A soberania popular, dessa forma, significa o deslocamento da fonte originária de legitimação para a vontade popular, recaindo nela a justificação para o exercício do poder. Segundo José Jairo Gomes, "a soberania popular se revela no poder incontrastável de decidir. É ela que confere legitimidade ao exercício do poder estatal." (2013, p. 44)

É conhecida, nesse tocante, a concepção de soberania popular desenvolvida por Rousseau e lembrada por Paulo Bonavides:

> A soberania popular, segundo o autor do Contrato Social e seus discípulos, é tão- somente a soma das distintas frações de soberania, que pertencem como atributo a cada indivíduo, o qual, membro da comunidade estatal e detentor dessa parcela do poder soberano fragmentado, participa ativamente na escolha dos governantes.
>
> Essa doutrina funda o processo democrático sobre a igualdade política dos cidadãos e o sufrágio universal, conseqüência necessária a que chega Rousseau, quando afirma que se o Estado for composto de dez mil cidadãos, cada um deles terá a décima milésima parte da autoridade soberana (BONAVIDES, 2000, p. 166)

Nesse contexto, a ideia de povo, mais precisamente a ideia de povo como titular da soberania, está intimamente ligada à concepção de democracia, a ponto de José Afonso da Silva defender que "a democracia não precisa de pressupostos especiais. Basta a existência de uma sociedade. Se seu governo emana do povo, é democrática; se não, não o é." (SILVA, J., 2001, p. 132)

2.2 Critérios para a democracia

Embora povo e soberania popular estejam realmente presentes em qualquer noção de democracia, defini-la apenas a partir desses elementos se apresenta insuficiente. Diversos autores buscam definir critérios mínimos para a democracia.

Abordaremos tal questão brevemente, a partir de Robert Dahl, pois ele busca esclarecer o que é democracia a partir da identificação de alguns critérios que seriam inerentes a um processo democrático. De acordo com o autor, ao menos cinco critérios podem ser identificados.

O primeiro deles consistiria na "participação efetiva", que é definida como a oportunidade de que cada membro da comunidade possui para fazer conhecida sua opinião. Afinal, "se alguns membros recebem maiores oportunidades do que os outros para expressar seus pontos de vista, é provável que suas políticas prevaleçam". (DAHL, 2001, p. 50)

O segundo é identificado pela "igualdade de voto", e se faz presente já no momento deliberativo. De acordo com tal critério, chegado o momento de decisão, a cada um deve ser garantida a oportunidade de ter sua opinião efetivamente computada, por meio do seu direito

ao voto, que deve ser aquilatado em igualdade com os votos dos demais votantes. Os votos, assim, devem ter igual peso e medida.

Outro critério apontado por Dahl, o terceiro, é referido como "entendimento esclarecido", segundo o qual "cada membro deve ter oportunidades iguais e efetivas de aprender sobre as políticas alternativas importantes e suas prováveis consequências." (DAHL, 2001, p. 49) Parte-se da concepção de que, para deliberar, é necessário ter a oportunidade de conhecer e compreender sobre aquilo que se delibera, sendo essa a razão pela qual a educação e a informação são tão importantes em um regime democrático.

Dahl discorre ainda sobre a possibilidade de que as questões a serem deliberadas sejam, elas próprias, sujeitas a escolha pelos sujeitos, que detêm a prerrogativa de decidir sobre o que decidir e, ainda, de promover novas rodadas deliberativas sobre as questões decididas, que estarão sempre abertas, se assim quiserem os membros da comunidade. Esse, chamado "controle do programa de planejamento", é apontado por Dahl como o quarto critério que permitiria identificar um processo democrático. Sem ele, uma pequena facção dominante controlaria tudo, já que apenas ela decidiria sobre o que se poderia deliberar, e certamente ela não permitiria que questões contrárias aos seus interesses fossem decididas, pelo simples fato de que haveria o risco de que se decidisse contra seus interesses.

Finalmente, como quinto e último critério, Dahl estabelece como necessária a "inclusão dos adultos", expressão que, a rigor, alia-se na concepção de universalização do sufrágio, pressupondo "tratar os outros como nossos iguais políticos." (DAHL, 2001, p. 50)

O autor defende que a falta ou supressão absoluta de qualquer desses critérios impede a igualdade política entre os cidadãos, que está na base da ideia de democracia.

É importante observar que Dahl reconhece que esses critérios, provavelmente, somente poderiam estar presentes de forma plena em uma democracia utópica, o que, não obstante, não eliminaria a adoção dos mesmos como um modelo, um modelo ideal, mas que enquanto tal, ainda assim, poderia ser bastante útil. Isso porque esses critérios se apresentam como uma métrica para aferir o desempenho real daqueles governos que se afirmam democráticos.

Além disso, esses critérios "podem servir como orientação para a moldagem e a remoldagem de instituições políticas, constituições, práticas e arranjos concretos." (DAHL, 2001, p. 54)

2.3 Democracia representativa e partidária

Robert Dahl (2001) trabalha a ideia de democracia a partir da concepção de igualdade política. Todos os critérios por ele abordados têm como pressuposto a ideia de que homens livres e iguais devem poder deliberar. O autor defende que seu modelo seria aplicável desde uma pequena associação a até o Estado. Neste, a soberania popular se realizaria por meio dos critérios por ele enumerados: capacidade de participar, influir e opinar, votar em igualdade de condições, se preparar, conhecer, informar para poder deliberar, poder definir o que será decidido, e ampliar o sufrágio, impedindo segregação política.

No entanto, se um modelo como esse já parece difícil de implementar em uma pequena associação, imagine-se nos Estados contemporâneos, com sua dimensão e complexidade.

Tal ponto coloca em evidência uma relevante questão para a democracia: "se é verdade que não existe democracia sem governo do povo, a questão importante está em saber o que é preciso entender por povo e como ele governa" (BURDEAU apud SILVA, J., 2001, p. 130)

Pela natureza desse trabalho, não nos concentraremos sobre a primeira indagação[1], mas na segunda: como o povo governa.

Nesse tocante, se o povo não pode governar diretamente na democracia contemporânea, parece evidente a existência de um componente inafastável, nas atuais democracias, e que não pode ser negligenciado: a representação (DALLARI, 2007). A impossibilidade do exercício da democracia direta nos Estados modernos levou à necessidade da adoção da atual modalidade de representação política do cidadão, por escolha de representantes eleitos.

Segundo Paulo Bonavides:

> Razões de ordem prática há que fazem do sistema representativo condição essencial para o funcionamento no Estado moderno de certa forma de organização democrática do poder. O Estado moderno já não é o Estado-cidade de outros tempos, mas o Estado-nação, de larga base territorial, sob a égide de um princípio político severamente unificador, que risca sobre todas as instituições sociais o seu traço de visível supremacia.
>
> Não seria possível ao Estado moderno adotar técnica de conhecimento e captação da vontade dos cidadãos semelhante àquela que se consagrava no Estado-cidade da Grécia. Até mesmo a imaginação se perturba em supor o tumulto que seria congregar em praça pública toda a massa do eleitorado, todo o corpo de cidadãos, para fazer as leis, para administrar.
>
> [...]
>
> Evidentemente, só há pois uma saída possível, solução única para o poder consentido, dentro no Estado moderno: um governo democrático de bases representativas.
>
> Dizia Rousseau, criticando a democracia indireta ou representativa, que o homem da democracia moderna só é livre no momento em que vai às

---

1 Para reflexão a respeito da questão sobre quem é o povo, vale mencionar a clássica obra de MÜLLER (2003), "*Quem é o povo?*".

> urnas depositar o seu voto. Para os opositores do filósofo contratualista uma verdade, porém fica patente: não há fugir ao imperativo de representação, porquanto, do contrário, não haveria nenhum governo apoiado no consentimento, tomando-se em conta a complexidade social, a extensão e a densidade demográfica do Estado moderno, fatores estes que embaraçam irremediavelmente o exercício da democracia direta. (BONAVIDES, 2000, p. 352-353)

É verdade que a forma como evolui a tecnologia hoje, as novas formas de comunicação, a era da internet, das redes sociais, da conectividade, da interação instantânea, abre uma nova fronteira de possibilidades também na forma de interação entre os indivíduos e os Estados, entre governantes e governados. Potencializa-se a capacidade de exercício dos direitos políticos pelo cidadão, assim como, do outro lado da moeda, amplia-se o dever de *accountability* por parte daqueles aos quais é delegado o exercício do poder.[2]

É possível que, no futuro, talvez não tão longínquo, a própria definição de democracia representativa tenha que ser resenhada, adequando-se às novas possibilidades de participação do cidadão, que hoje tem ao seu alcance meios de conhecer, em tempo real, e a distância, o que é deliberado pelos representantes eleitos.

No entanto, ainda hoje, mesmo com toda a evolução tecnológica, a plena participação do cidadão diretamente no cotidiano dos assuntos da sociedade e do Estado se afigura praticamente impossível. O cidadão dificilmente poderia se privar dos seus assuntos particulares, de seus negócios, arriscando seu sustento, para se ocupar unicamente dos assuntos estatais que, na sociedade massificada em que vivemos, são inúmeros e complexos.

Daí permanecer atual a lição de Paulo Bonavides (2000), assentada na compreensão de que a democracia indireta, nos tempos atuais, é verdadeira condição de possibilidade para que se almeje a própria democracia. Ou seja, a democracia atual é, majoritariamente, representativa, na qual o cidadão não participa das decisões governamentais.

Isso significar dizer, na atual quadra, que o povo elege representantes que tomarão as decisões que envolvem a vida pública do Estado e da sociedade, dentro da sistemática exposta com clareza por José Jairo Gomes:

---

2 A esse respeito, interessantes discussões sobre a qualidade da democracia são objeto de relevantes pesquisas, podendo ser citados Larry Diamond e Leonardo Morlino (2004).

> Os cidadãos escolhem aqueles que os representarão no governo. Os eleitos recebem um mandato. A participação das pessoas no processo político se dá, pois, na escolha dos representantes ou mandatários. A estes toca o mister de conduzir governo, tomando as decisões político-administrativas que julgarem convenientes, de acordo com as necessidades que se apresentarem.
>
> Consiste o mandato no poder – ou conjunto de poderes – conferido pelos "eleitores soberanos", pelo qual o mandatário fica habilitado a tomar decisões político-estatais seja no Poder Executivo, seja no Legislativo. (GOMES, J., 2013. p. 41)

O modelo de representação figura, portanto, "*como técnica de organização do Estado democrático*" (BONAVIDES, 2000, p. 352). Como elemento indissociável dessa técnica de organização, sobressai, ainda, na democracia contemporânea, a figura dos partidos políticos, verdadeiros protagonistas do processo democrático da atualidade.

Os partidos políticos agem na intermediação necessária entre representantes e representados, oferecendo ao povo, como entidade organizada, um plano de ação política e de exercício do poder, segundo determinada ideologia, plataforma (programa de governo) e projeto político. (MEZZAROBA, 2003)

Afirma-se que os partidos políticos se destinam a assegurar, no interesse do regime democrático, a autenticidade do sistema representativo, atuando na formação da vontade política, permitindo a convivência democrática de múltiplos ideais que encontram nas eleições, e não na violência, o campo natural para o embate entre doutrinas políticas muitas vezes antagônicas.

Segundo José Jairo Gomes:

> No mundo contemporâneo, os partidos políticos tornaram-se peças essenciais para o funcionamento do complexo mecanismo democrático. Para se ter noção da penetração e da influência dessas entidades, basta dizer que detêm o monopólio do sistema eleitoral, chegando a definir o perfil assumido pelo Estado. Não há, com efeito, representação popular e exercício do poder estatal sem a intermediação partidária.
>
> Tais entidades constituem canais legítimos de atuação política e social; captam e assimilam rapidamente a opinião pública; catalisam, organizam e transformam em bandeiras de luta as díspares aspirações surgidas no meio social, sem que isso implique ruptura no funcionamento do governo legitimamente constituído. Ressalta Caggiano (2004, p. 105) que, "no mundo atual, assume o partido posição fortalecida de mecanismo de comunicação e de participação do processo decisional; mais

> até, de instrumento destinado ao recrutamento dos governantes e à socialização política". Não é exagero supor que a normalidade democrática depende da existência de tais "mecanismos de comunicação e de participação". A ausência deles pode induzir uma resposta violenta de setores da sociedade que se sentirem prejudicados e excluídos. (GOMES, J., 2013, p. 89)

Os partidos políticos possuem íntima relação com o pluralismo político, um dos cinco princípios fundamentais da República Federativa do Brasil, expresso no art. 1°, V, da Constituição de 1988. É possível afirmar, mesmo, que os partidos políticos, como entidades organizadas, representam a expressão institucional do pluralismo político.

Dada a sua importância, os partidos políticos merecem no Brasil o mais alto grau de proteção jurídica que uma instituição pode receber em um Estado Constitucional Democrático de Direito: a positivação na Constituição, no Título II, alusivo aos direitos e garantias fundamentais. (CAMPOS; STUDART, 2014)

Assim, contemporaneamente a compreensão do princípio democrático passa pela "democracia partidária" (GOMES, J., 2013, p. 40), pela "realidade contemporânea do Estado partidário", para se utilizar da expressão de Bonavides (2000, p. 358).

Essa afirmativa não ignora que a democracia representativa não dispensa a adoção de mecanismos que ampliem a participação popular na esfera pública, como adverte Adriana Campos (2012). No entanto, essa participação, na atualidade, se dá majoritariamente de forma subsidiária, embora, devesse sempre tender à constante ampliação.

2.4 Democracia e eleições

Pelo que já foi exposto, a democracia contemporânea é essencialmente a democracia indireta, representativa e partidária. Todavia, embora possa exercer forte elemento de pressão sobre os governantes, e continue sendo a fonte de legitimação para o exercício do poder na atualidade, o povo não define diretamente a pauta política, e não delibera diretamente os temas de interesse do Estado e da sociedade.

Entre o povo e o exercício do poder, existem pelo menos dois intermediários, os partidos e os representantes, o que afasta o titular da soberania do seu efetivo exercício.

Como explicar, então, o governo do povo na atualidade?

É dentro desse contexto, buscando responder essa difícil questão, que surge com especial relevo a necessidade de estabelecimento de um procedimento legitimador da representação política: o processo eleitoral.

Há na democracia contemporânea uma indissociável relação entre democracia e eleições. Essa conexão é tão evidente que Schumpeter (1961) chega praticamente a reduzir a

democracia a esse marcante momento da vida política das nações tidas como democráticas (PATEMAN, 1970).

Amparando-se em uma teoria declaradamente empírica, enfatizando o que a democracia seria, e não necessariamente o que ela deveria ser, Schumpeter (1961) busca redefinir a participação popular na democracia contemporânea, defendendo que "o papel do povo é formar um governo, ou corpo intermediário, que, por seu turno, formará o executivo nacional, ou governo", razão pela qual a democracia seria um método político, de escolha de representantes. Para o autor, "o método democrático é um sistema institucional, para a tomada de decisões políticas, no qual o indivíduo adquire o poder de decidir mediante uma luta competitiva pelos votos do eleitor. (SCHUMPETER, 1961, p. 321)

A democracia, assim, estaria amparada em um "tipo de concorrência", uma "concorrência livre pelo voto livre". Para Schumpeter (1961), essa concepção se justificaria porque "a democracia parece implicar um método reconhecido, através do qual se desenrola a luta competitiva, e que o método eleitoral é praticamente o único exeqüível, qualquer que seja o tamanho da comunidade." (SCHUMPETER, 1961, p. 321)

Ainda que a teoria de Schumpeter seja apontada como muito minimalista, mesmo aqueles que enxergam na democracia algo muito mais amplo, vendo-a com mais intensidade na substância das decisões governamentais do que propriamente nos procedimentos estatais de escolha de representantes, dificilmente defenderiam como democrático um governo no qual o povo, direta ou indiretamente, não pode participar, em alguma medida, da escolha de seus governantes.

Tal constatação parece levar à conclusão de que esse relevante processo de escolha é realmente uma característica indelével dos regimes democráticos contemporâneos. Isso porque se é uma realidade que na democracia indireta o povo não mais participa diretamente da discussão cotidiana dos negócios do Estado, ficando tal encargo nas mãos de representantes, parece natural que o processo de escolha desses representantes figure como o momento mais relevante da vida política de uma nação.

Trata-se do momento em que os cidadãos são conclamados para exercerem com grande intensidade os seus direitos políticos, influindo nos rumos da sua comunidade. É o que Fávila Ribeiro identifica como "poder de sufrágio":

> Releva acentuar a magnitude que vem assumindo o poder de sufrágio na vida democrática contemporânea, exemplo confirmado na ordem constitucional brasileira de 1988, consorciando-o à ideia mesma de soberania, que assim fica libertada de impalpável correlação metafísica e de pressuposições hipotéticas ou fictas, confirmando a titularidade do povo, e tendo o corpo de cidadãos em seu núcleo existencial, a ser acionado nos procedimentos em que deva ser apurada a sua vontade, sempre mediante o voto universal. (RIBEIRO, 2000, p. 04)

O processo eleitoral assume ainda mais relevância quando associado à concepção de representatividade adotada por certos doutrinadores. Para muitos, qualquer democracia indireta, de bases representativas, somente será realmente legítima se puder, autenticamente, reproduzir na direção do Estado, notadamente no parlamento, a diversidade existente na própria sociedade. (KELSEN, 2000; MEZZAROBA, 2003)

É por isso que, relacionada ao processo eleitoral, subjaz, umbilicalmente, a questão do sistema eleitoral que, numa breve definição, poderia ser conceituado como o método pelo qual se colherá da manifestação popular, captada nas urnas, os respectivos indivíduos habilitados para o exercício de função política no Estado.

De acordo com José Jairo Gomes, o sistema eleitoral:

> Tem por função a organização das eleições e a conversão de votos em mandatos políticos. Em outros termos, visa proporcionar a captação eficiente, segura e imparcial da vontade popular democraticamente manifestada, de sorte que os mandatos eletivos sejam conferidos e exercidos com legitimidade. É também sua função estabelecer meios para que os diversos grupos sociais sejam representados, bem como para que as relações entre representantes e representados se fortaleçam. A realização desses objetivos depende da implantação de um sistema eleitoral confiável, dotado de técnicas seguras e eficazes, cujos resultados sejam transparentes e inteligíveis." (GOMES, J., 2013, p. 113)

Essa perspectiva associa o processo eleitoral não apenas a uma necessidade logística, vale dizer, a um imperativo da governabilidade, decorrente da ampliação das bases territoriais dos Estados, da ampliação do sufrágio na sociedade de massas, da extensão e complexidade dos assuntos estatais. Não que isso seja falso.

Mas é uma visão incompleta, para esses doutrinadores, já que é preciso que se confira autenticidade ao regime representativo. Essa visão amplia a noção de processo eleitoral como catalisador da democracia, como legítimo e adequado fórum para o exercício dos direitos políticos.

> É de se notar que, em ambientes democráticos, pautados na expectativa do atingimento de graus máximos de participação e oposição, o processo eleitoral alcança sua legitimidade na medida em que espelha com perfeição as expectativas da comunidade social chamada a se pronunciar e da multifária variedade de grupos sociais que compõem. Isto, em última análise, implica em que a operação eleitoral somente poderá ter seu coroamento com êxito se contemplar, no resultado final, uma adequada integração entre o corpo eleitoral (representados/governados) e os candidatos vitoriosos (representantes/governantes). (CAGGIANO, 1994, p. 121- 141)

Sob essa perspectiva, numa democracia indireta, a existência e o funcionamento do processo eleitoral acabam se tornando uma condição para que o cidadão possa efetivamente gozar e exercer direitos políticos.

Não se quer afirmar, com isso, que os direitos políticos se restrinjam àqueles direitos cujo exercício se materializa no processo eleitoral. Mas o direito de votar e o direito de se candidatar são as expressões mais visíveis do exercício de direitos políticos na atualidade.

Com efeito, "quando falamos de democracia, a primeira imagem que nos vem à mente é o dia das eleições, longas filas de cidadãos que esperam a sua vez para colocar o voto na urna." (BOBBIO, 2000, p. 371)

Essa imbricação entre eleições e democracia, a ponto de muitos entenderem os dois conceitos praticamente como se fossem uma só coisa, decorre justamente do reconhecimento de que "o relevante ato de uma democracia atual, é o voto não para decidir, mas sim para eleger quem deverá decidir." (BOBBIO, 2000, p. 372)

Essa exata percepção é clarificada por Bobbio ao nos lembrar que "um dos maiores teóricos da democracia moderna, Hans Kelsen, considera elemento essencial da democracia real (não da democracia ideal, que não existe em lugar algum) o método da seleção dos líderes, ou seja, a eleição." (BOBBIO, 2000, p. 372)

Bobbio ensina que, embora a democracia, para os antigos, seja geralmente associada à ideia de participação do cidadão diretamente nos rumos da cidade, tratando ele próprio dos negócios públicos, a eleição não era procedimento de todo desconhecido, apenas figurando como uma solução tópica para certas questões específicas. Segundo o autor italiano, houve uma inversão dessa lógica com a adoção da democracia indireta: a escolha de representantes passa a assumir preponderância no processo democrático, não mais se ocupando o cidadão dos assuntos do governo, exceto por meio de alguns específicos procedimentos:

> Isso não significa que os governos populares não tenham jamais conhecido o instituto da eleição dos magistrados. Mas a eleição era considerada uma necessária e útil correção do poder direito do povo, não como ocorre hoje nas democracias modernas, para as quais a eleição constitui uma verdadeira alternativa em relação à participação direta, salvo pela introdução, em casos específicos expressamente declarados, do referendo popular. Nas duas formas de democracia, a relação entre participação e eleição está invertida. Enquanto hoje a eleição é a regra e a participação direta a exceção, antigamente a regra era a participação direta, e a eleição, a exceção. Poderíamos também dizer da seguinte maneira: a democracia de hoje é uma democracia representativa às vezes complementada por formas de participação popular direta; a democracia dos antigos era uma democracia direta, às vezes corrigida pela eleição de algumas magistraturas. (BOBBIO, 2000, p. 374)

A percepção de que a democracia de hoje é a democracia indireta, que tem como marca a representação, e ponto alto a realização de eleições para a escolha de representantes, pode ser exemplificada pelo teor da nossa Constituição de 1988.

Mesmo que isso não signifique a eliminação ou proibição de outras formas de participação do cidadão nas deliberações estatais, inclusive, passíveis de serem institucionalizadas por via legislativa ou práticas administrativas, não parece haver dúvida de que a Constituição de 1988 abraça o modelo descrito por Bobbio (2000): democracia representativa complementada por mecanismos de participação direta.

Nesse sentido, já no artigo 1°, parágrafo único, alusivo aos princípios fundamentais da República, o constituinte estabeleceu que "todo o poder emana do povo, que o exerce por meio de representantes eleitos ou diretamente."

A seu turno, no capítulo destinado a regular os direitos políticos, embora enumere brevemente o plebiscito, o referendo e a iniciativa popular como modalidades de participação direta do cidadão, a Constituição acaba por deixar clara a adoção da lógica apontada por Bobbio. Isso parece transparecer da forma enfática quando a Constituição de 1988 estabelece que "a soberania popular será exercida pelo sufrágio universal e pelo voto direto e secreto" (art. 14, *caput*), ocupando-se na quase totalidade do restante do capítulo a discorrer majoritariamente sobre o exercício da capacidade eleitoral ativa (direito de votar) e capacidade eleitoral passiva (direito de ser votado).

Então, e sem embargo da adoção de mecanismos de participação direta, cuja ampliação é sempre desejada, parece que a eleição é realmente o ponto para o qual convergem as maiores atenções nos regimes democráticos contemporâneos. E isso se dá, até mesmo, por parte dos cidadãos, que não raro reduzem, por desejo e iniciativa própria, sua participação política ao depósito de seus votos nas urnas.

Portanto, não parece exagero dizer que a democracia contemporânea é a democracia fundada no protagonismo do processo eleitoral.

2.5 Processo eleitoral, legitimidade democrática e regulação

Conquanto a democracia esteja na atualidade comumente associada às eleições, a ponto de quase formarem um conceito unitário (BOBBIO, 2000), sendo essa uma percepção do senso comum, especialmente aos olhos da multidão, seria um erro pressupor a democracia como mera realização de eleições para a seleção de representantes ou governantes.

Tão importante quanto a eleição é o modo como se opera esse processo de escolha dos eleitos. Nesse sentido, é importante trazer a lume a lição de Bobbio, esclarecedora no sentido de que a eleição, mesmo sendo marca indelével da leitura contemporânea de democracia, não é método deliberativo exclusivo desse regime de governo, podendo também ser adotada em regimes aristocráticos ou mesmo monárquicos:

> Durante séculos, os dois conceitos de democracia e de eleição não confluíram em um conceito unitário como ocorre hoje, porque a democracia aos antigos não se resumia ao processo eleitoral, mesmo que não o excluísse, e, ao contrário, o processo eleitoral é perfeitamente conciliável com as outras duas formas clássicas de governo, a monarquia e a aristocracia. Discutiu-se durante séculos se seria melhor a monarquia hereditária ou a monarquia eletiva: ninguém jamais pensou que uma monarquia, pelo fato de ser eletiva, deixaria de ser monarquia. Escreve Kelsen: "Não é afinal tão grande a diferença entre a autocracia de um monarca hereditário, legitimada através da fórmula da representação, e a pseudodemocracia de um imperador eleito." (BOBBIO, 2000, p. 373)

De fato, não parece difícil compreender que a eleição, talvez o mais relevante momento democrático dos estados democráticos contemporâneos, possa servir a outras espécies de regimes políticos.

Quando Kelsen, citado por Bobbio, diz não ser grande a diferença "entre a autocracia de um monarca hereditário, legitimada através da fórmula da representação, e a pseudodemocracia de um imperador eleito" (BOBBIO, 2000, p. 373), isso parece um alerta para a importância não apenas de se realizar escolhas por meio de um procedimento eleitoral, mas também para que esse procedimento se revele inteiramente idôneo, sincero e, sobretudo, apoiado na vontade popular.

Essa é a razão pela qual a literatura jurídica e política vem enunciando uma relação de implicação entre democracia e processo eleitoral adequado, sendo oportuno trazer a lume a ideia articulada por José Ortega y Gasset, segundo o qual:

> A saúde das democracias, quaisquer que sejam seu tipo e seu grau, depende de um mísero detalhe técnico: o procedimento eleitoral. Tudo o mais é secundário. Se o regime de comícios é acertado, se se ajusta à realidade, tudo vai bem; se não, embora o resto marche otimamente, tudo vai mal. (GASSET apud RIBEIRO, 1990, p. 101)

Essa mesma concepção foi adotada pelo ministro Sepúlveda Pertence em julgamento no Supremo Tribunal Federal, no qual se discutiu o conteúdo normativo do princípio da anualidade eleitoral, objeto dessa obra, e sua implicação para o processo eleitoral.

Na ocasião, em voto proferido na ADI 354, o Ministro Sepúlveda Pertence advertiu que:

> na democracia representativa, por definição, nenhum dos pressupostos estatais é tão importante e tão relevante quanto o processo eleitoral, pela razão óbvia de que é ele a complexa disciplina normativa, nos Estados Modernos, da dinâmica procedimental do exercício imediato da soberania popular, para a escolha de quem tomará, em nome do titular dessa soberania, as decisões política dela derivadas. (BRASIL, 2001)

A democracia, assim, pressupõe um procedimento, e o processo eleitoral democrático é aquele que assegure a igualdade política, capacidade de participação, de votar e disputar eleições, permitindo autêntica disputa entre as diversidades políticas, e igualmente possibilitando a reabertura periódica das consultas populares, fazendo com que a concorrência dos atores políticos na sociedade se dê segundo os mecanismos institucionalizados pelo direito.

Sobre a igualdade política, como elemento do processo eleitoral democrático, se apoia ela não apenas na ampliação do voto, de forma universal e igual para todos, mas também na garantia do pluralismo político, assegurando que indivíduos ou grupos de indivíduos possam se organizar e professar seus ideais, canalizando-os para o processo eleitoral.

Ao discorrer sobre a importância da igualdade política, chamando-a de "igualdade intrínseca", Robert Dahl (2001) pontifica ser ela um verdadeiro elemento de sustentação da democracia, pois, se não há uma igualdade, os interesses de determinado grupo haveriam necessariamente que ser considerados superiores *a priori*, em detrimento ao interesse de outro determinado grupo, que nunca seria merecedor de igual consideração em um processo deliberativo. O problema, segundo Dahl (2001), é que se você não pertence ao grupo privilegiado, cujos interesses gozam de uma "superioridade intrínseca", você, agindo de forma livre e consciente, certamente rejeitaria tal princípio e não concordaria com os procedimentos deliberativos, já que seus interesses sempre estariam em desvantagem, e nunca poderiam vir a ser considerados.

Essa é a razão pela qual a igualdade de condições ou a igualdade de chances, como manifestação de igualdade política, é um imperativo do processo eleitoral nas democracias. Do contrário, as diversas forças políticas dificilmente reconheceriam nas eleições um meio legítimo de habilitação para o exercício do poder, e uma vez vencidas, buscariam outros mecanismos para acesso ao governo, não sendo incomum o caminho da violência ou outras formas de rupturas institucionais.

A igualdade política, ou "igualdade intrínseca" como chama Dahl, sob esse enfoque, se apresenta como elemento indissociável a um processo democrático, e estaria justificada por ser a escolha mais prudente para todos, já que teria maior força para obtenção de consenso e aceitabilidade:

> Um princípio que você considere prudente adotar muitos outros também considerarão. Assim, um processo que assegure igual peso para todos (concluirá você razoavelmente) tem maior probabilidade de assegurar o consenso de todos os outros cuja cooperação é necessária para atingir os seus objetivos. Visto nesta perspectiva, o princípio da igualdade intrínseca faz muito sentido. (DAHL, 2001, p. 78).

O processo eleitoral democrático, dessa forma, é aquele cujas regras possibilitem que pacificamente os homens, grupos de indivíduos e forças políticas possam divergir quanto aos fins, mas que, ao mesmo tempo, consiga com que eles possam pelo menos consentir quanto aos meios, ou seja, sobre os procedimentos que deverão ser observados por todos para que as decisões coletivas possam ser tomadas.

Somente assim, a democracia pode garantir a sua própria sustentação, por meio de um procedimento eleitoral que consiga funcionar como mecanismo habilitador de legitimidade, incorporado à estrutura da sociedade de forma que os homens nele reconheçam o caminho adequado para a realização de suas pretensões políticas.

Essa é a razão pela qual diversos teóricos da democracia, como Schumpeter (1961) e Bobbio, a compreendam, sobretudo, como "uma via, um método" (BOBBIO, 2000, p. 426), e destaquem, por isso mesmo, o estabelecimento adequado das "regras do jogo", que possibilitem a competitividade eleitoral (que só existe democraticamente se houver pluralismo, liberdade e igualdade), como o fundamento de legitimidade de todo um sistema democrático. (BOBBIO; NOGUEIRA, 1997, p. 66)

Trata-se de "concepção processual da democracia, que acentua as chamadas regras do jogo, ao conjunto de regras para se tomarem as decisões coletivas, as decisões que interessam a toda a coletividade, com o máximo de consenso e o mínimo de violência" (BOBBIO, 2000, p. 426)

Nesse ponto, é possível concordar com Bobbio no sentido de que "a democracia diferencia-se de outras formas de governo pelas regras que presidem à "escolha dos líderes", que consiste na eleição periódica, e não na sucessão ou na cooptação." (BOBBIO, 2000, p. 426)

Em suas observações, Bobbio (2000) enfatiza que as regras do processo eleitoral são normas de meio. Isso significa que o processo eleitoral democrático é aquele cujas normas que o regem estabelecem comandos que visam regular, adequadamente, o próprio desencadear do procedimento de escolha de legisladores e administradores públicos.

A regulação do processo eleitoral democrático, portanto, deve ser amparada em normas que se abstenham de veicular comandos normativos dirigidos a um objetivo político específico ou, para usar a expressão do autor italiano, as normas do processo eleitoral não devem propriamente se ocupar com o que se deve decidir relativamente aos negócios públicos. Essa preocupação, sobre o que se deve decidir, deve ser maior nas decisões relativas aos assuntos confiados aos eleitos, no desempenho de seus magistérios públicos, de acordo com objetivos definidos pela Constituição. As normas do processo eleitoral devem se ocupar, portanto, e preponderantemente, com como deve se dar a definição de quem deve decidir.

Essas normas eleitorais, nomeadas por Bobbio (2000) como "universais processuais", de acordo com o autor, demandam certos requisitos mínimos para que possam ser reputas democráticas, servindo, portanto, também como elemento de distinção entre a eleição, nos regimes democráticos, da adoção desse mesmo expediente em outras espécies de regimes políticos, tal como a aristocracia.

Para o autor, são eles:

> 1) todos os cidadãos que tenham alcançado a maioridade etária sem distinção de raça, religião, condição econômica, sexo, devem gozar de direitos políticos, isto é, cada um deles deve gozar do direito de expressar sua própria opinião ou de escolher quem a expresse por ele; 2) o voto de todos os cidadãos deve ter igual peso; 3) todos aqueles que gozam dos direitos políticos devem ser livres para poder votar segundo sua própria opinião formada, ao máximo possível, livremente, isto é, entre partidos que tenham programas distintos e alternativos 5) seja para as eleições, seja para as decisões coletivas, deve valer a regra da maioria numérica, no sentido de que será considerado eleito o candidato ou será considerada válida a decisão que obtiver o maior número de votos; 6) nenhuma decisão tomada por maioria deve limitar os direitos da minoria, particularmente o direito de se tornar maioria em igualdade de condições. (BOBBIO, 2000, p. 427)

Como ensina Sivanildo de Araújo Dantas, "a aceitação do procedimento das eleições pelos cidadãos se dá na medida em que a sociedade aquiesce com as normas que freiem as liberdades individuais carregadas dos mais variados interesses num pleito eleitoral." Dessa forma, "disciplinar uma eleição, gerando ordem e segurança durante sua realização e transmitindo a verdade das urnas, é o valor maior justificante desse procedimento." (DANTAS, 2004, p. 71)

Somente por meio de um procedimento que evite distorções, fraudes e desequilíbrios, o processo eleitoral pode conferir legitimidade à escolha de representantes, conseguindo que se estabeleça em torno dele um consenso procedimental, por parte de todos os atores políticos, e independentemente do resultado final da consulta popular.

Deve o processo eleitoral gerar aceitação também por parte daqueles que dele saíram derrotados. Para que o dissenso possa de fato existir e se manifestar, é preciso o consenso sobre as regras de deliberação. Portanto, deve haver um compromisso pelos atores políticos, quanto ao aspecto deliberativo, quanto às regras do jogo, ainda que cada um deles possua concepções e ideais políticos absolutamente distintos e concorrentes.

Esse compromisso parece explícito a partir do momento em que os atores eleitorais, as forças políticas, aderem ao processo eleitoral. Ao fazê-lo, aceitam as regras do jogo, as regras do processo eleitoral e também, implicitamente, abdicam de outras formas, não institucionalizadas, de assunção do poder.

Essa é também a razão pela qual a noção de democracia não pode prescindir da ideia de pluralismo e, com ela, de proteção das minorias políticas. Em verdade, "a livre discussão entre a maioria e a minoria é essencial à democracia, porque esse é o modo de criar uma atmosfera favorável a um compromisso entre a maioria e a minoria, e o compromisso faz parte da natureza mesma da democracia" (KELSEN apud BOBBIO, 2000 p. 439)

Sobre esse ponto, pertinente reproduzir a lição de Pinto Ferreira

> A verdadeira idéia da democracia corresponde, em geral, a uma síntese dialética dos princípios da liberdade, igualdade e dominação da maioria, com a correlativa proteção às minorias políticas, sem o que não se compreende a verdadeira democracia constitucional.
>
> A dominação majoritária em si, como o centro de gravidade da democracia, exige esse respeito às minorias políticas vencidas nas eleições. O princípio majoritário é o pólo positivo da democracia, e encontra a sua antítese no princípio minoritário, que constitui o seu pólo negativo, ambos estritamente indispensáveis na elucidação do conceito da autêntica democracia.
>
> O princípio democrático não é, pois, a tirania do número, nem a ditadura da opinião pública, nem tampouco a opressão das minorias, o que seria o mais rude dos despotismos. A maioria do povo pode decidir o seu próprio destino, mas com o devido respeito aos direitos das minorias políticas, acatando nas suas decisões os princípios invioláveis da liberdade e da igualdade, sob pena de se aniquilar a própria democracia.
>
> A livre deliberação da maioria não é suficiente para determinar a natureza da democracia. STUART MILL já reconhecia essa impossibilidade, ainda no século transato: 'Se toda a humanidade, menos um, fosse de uma opinião, não estaria a humanidade mais justificada em reduzir ao silêncio tal pessoa, do que esta, se tivesse força, em fazer calar o mundo inteiro'. Em termos não menos positivos, esclarece o sábio inglês, nas suas '*Considerations on Representative Government*', quando fala da verdadeira e da falsa democracia ('*of true and false Democracy*'): 'A falsa democracia é só representação da maioria, a verdadeira é representação

> de todos, inclusive das minorias. A sua peculiar e verdadeira essência há de ser, destarte, um compromisso constante entre maioria e minoria. (FERREIRA, 1971, p. 195-196)

Esse compromisso, que se dá em torno das regras do jogo, e que sustenta a própria democracia, somente poderá existir se os processos eleitorais observarem a igualdade de chances. Sob essa perspectiva, a todas as correntes político-ideológicas – ainda que necessariamente organizadas em agremiações partidárias – devem ser asseguradas igual possibilidade jurídica de lograr êxito nos prélios eleitorais, de forma a nutrirem legítimas expectativas de ascenderem ao poder ou, ao menos, de se verem representadas.

A igualdade de chances figura, assim, como um fator de preservação do próprio regime democrático, na medida em que, apenas ao reconhecer nas eleições uma via legítima de conquista do poder, as diversas forças políticas abdicam do uso da violência para se sujeitarem de forma livre, consciente e voluntária ao processo eleitoral.

Para Carl Schimitt:

> O atual Estado legiferante parlamentar, baseado no domínio de respectivas maiorias, somente pode repassar o monopólio de exercício legal de poder aos respectivos partidos majoritários e somente poderá exigir da minoria a renúncia ao direito de resistência, na medida em que a igualdade de chances na obtenção de maioria realmente permaneça aberta e na medida em que esse pré-requisito do seu princípio de justiça de alguma maneira seja plausível. (SCHMITT, 2007, p. 32)

Nessa linha, tem-se a necessidade de se ver inibida a tentativa das maiorias eventuais de, uma vez alcançadas ao poder, suprimirem a igualdade de chances em certames eleitorais subsequentes, como forma de se perpetuar na direção do Estado:

> Sem esse princípio, a matemática da maioria, não apenas devido a sua indiferença contra todo resultado temático, seria um jogo grotesco e o conceito de legalidade dela derivado, um escárnio de toda justiça, como também já teria chegado a fim o próprio sistema após obtenção de poder, pois logo a primeira maioria instalar-se-ia como poder permanente de forma legal. (SCHMITT, 2007, p. 29-30)

Disso decorre toda a importância das regras do jogo democrático, corporificadas na regulação do processo eleitoral. Da importância das regras do jogo para a democracia decorre a necessidade de que a legislação eleitoral e, especialmente, a regulação do processo eleitoral, a um só tempo possibilite e garanta a igualdade de chances.

Ao possibilitar a igualdade de chances, a regulação do processo eleitoral se vale, ou deve se valer, de vários instrumentos que ofereçam condições às mais diversas forças políticas para que elas efetivamente participem do jogo eleitoral, a ele decidam se submeter, como forma institucionalizada de busca do poder.

A regulação do processo eleitoral deve fazê-lo possibilitando não apenas que os pleitos eleitorais se realizem, mas que sejam sempre periodicamente renovados, estabelecendo-se mandatos definidos, sufrágio universal, voto livre, secreto e igual, liberdade de criação ou modificação de partidos políticos, mecanismos de financiamento e de propaganda, enfim, dando condições para que as diversas forças políticas possam de fato concorrer na disputa.

Sob o enfoque da garantia, a regulação do processo eleitoral estabelece os meios, os instrumentos para assegurar que aquelas condições de possibilidade sejam de fato observadas por todos, criando-se assim métodos e organismos de controle para verificação da observância da igualdade de chances e da lisura da disputa concretamente, a fim de que o processo eleitoral não seja convertido em uma artificialidade, não seja corrompido, e que seu resultado seja fidedigno à vontade popular expressa.

Apenas assim, possibilitando e garantindo a correição, a autenticidade e a verdadeira disputa, em igualdade de oportunidades, possibilitando a livre concorrência entre candidatos e partidos, com a plena inclusão do cidadão-eleitor, é que o processo eleitoral pode ser reputado democrático, servindo de sustentação para o regime democrático ao fornecer a devida e legítima habilitação para o exercício de mandatos representativos, assentada na soberania popular.

É o que observa com precisão Eneida Desiree Salgado ao afirmar que a regulação do processo eleitoral é "o que determina o processo de legitimação do poder político, sendo responsável, assim, pela qualidade (formal) da democracia", destacando que "sua tarefa primordial é assegurar a presença de todas as ideias políticas na discussão democrática, a partir do acesso livre à disputa eleitoral e da sua igual visibilidade." (SALGADO, 2010, p. 103)

Também destacando a importância da regulação do processo eleitoral, do devido estabelecimento das regras do jogo democrático, como reclame de eleições legítimas e sinceras, observa José Jairo Gomes que

> Hodiernamente, dúvida não há que a legitimidade do exercício do poder estatal por parte de autoridades públicas decorrente da escolha levada a cabo pelo povo. Em uma sociedade verdadeiramente democrática, os governados é que elegem seus governantes, reconhecendo-os como autoridades investidas de poder político. Essa escolha deve ser feita em processo pautado por uma disputa limpa, isenta de vícios, corrupção ou fraude. A escolha é sempre fruto do consenso popular, que, de certa maneira, homologa os nomes dos candidatos, consentindo que exerçam o poder político-estatal e, pois, submetendo-se a seu exercício.

Nesse contexto, a observância do procedimento legal que regula as eleições é extremamente relevante para a legitimidade dos governantes. Ele deve ser observado com isenção, de sorte a proporcionar as mesmas oportunidades a todos os participantes do certame. (GOMES, J., 2013, p. 56)

De todo o exposto, é possível concluir que da adoção do sistema representativo, por representantes eleitos, deflui com especial relevo não apenas a obrigatoriedade de realização de eleições, mas a necessidade de estabelecimento de princípios e regras claras, transparentes, seguras e isonômicas para o exercício do sufrágio.

Não sem razão, a Constituição de 1988 não se restringe a prever a realização de eleições diretas e periódicas, mas vai além e estabelece a "normalidade e legitimidade das eleições" como um valor fundamental, de modo a possibilitar que do exercício do sufrágio resulte legítima expressão da soberania popular na escolha dos mandatários.

Assim, qualquer regulação do processo eleitoral deverá observar critérios inerentes ao ideal democrático, que se encontram inseridos implícita e explicitamente na Constituição de 1988, quer quando essa incorporou o princípio democrático ao proclamar a República Federativa do Brasil como Estado Democrático de Direito (art. 1 e art. 17), quer quando estabeleceu textualmente a necessidade de observância e proteção do pluralismo político (art. 1, V), do voto direto, universal, secreto e igual (art. 14 e art. 60, II), da liberdade partidária e do pluripartidarismo (art. 17, §1), assim como acesso ao fundo partidário e acesso gratuito ao rádio e à televisão pelos partidos políticos (art. 17, § 3). O mesmo por ser dito quanto à previsão de mandatos por período certo, conferidos sempre por eleições periódicas (art. 28, art. 27, § 1, art. 29, I, art. 32, § 2, art. 45, art. 46 § 2, art. 77, art. 82), que deverão ser normais, legítimas e livres da influência do poder econômico e político, da corrupção e da fraude (art. 14, § 9 e §10).

A inserção desses predicados da democracia no texto da Constituição se impõe como limitação material da atividade do legislador ordinário, como forma de evitar o risco do abuso da forma da lei para beneficiar maiorias momentâneas, fazendo com que a regulação do processo eleitoral, tanto quanto possível, seja um fator de consenso e legitimação, e não um fator desviante. Ou seja, permitindo a leitura da vontade popular, e não sua manipulação.

A Constituição de 1988 exige, assim, um certo dever de neutralidade da regulação eleitoral, que não deve, por si só, ser um fato de desequilíbrio em favor deste ou daquele ator do processo, e é também dentro dessa lógica que se insere o princípio da anualidade eleitoral (art. 16), como uma limitação da eficácia da modificação do processo eleitoral, quando efetuada a menos de um ano da eleição, e que será abordado em capítulos subsequentes.

Por hora, cabem essas colocações, necessárias para a compreensão da importância da regulação do processo eleitoral como garantia de um cenário juridicamente estável, isonômico e democrático, que permita às forças políticas se desenvolverem e concorrerem naturalmente, de acordo com suas próprias potencialidades, colocando na vontade popular a definição de quem deve exercer o poder.

No próximo capítulo, será desenvolvida a ideia do controle do processo eleitoral que, como já dissemos, é necessária para a verificação da observância das regras do jogo democrático e da lisura da disputa concretamente.

Tal modelo, conforme se verá, se desenvolveu e evoluiu com base numa ideia de desconfiança do legislador e de neutralidade do juiz, perspectiva essa que teve muita influência na forma como o princípio da anualidade durante muito tempo foi interpretado.

A Justiça Eleitoral, sua configuração e funções peculiares, também será abordada no próximo capítulo, não apenas por exercer a função de verificação das eleições, mas também por administrar esse procedimento essencial para a democracia, ajudando a moldar o processo eleitoral.

3
CONTROLE DO PROCESSO ELEITORAL

Como exposto no capítulo anterior, a imprescindível relação entre processo eleitoral e sua regulação, o estabelecimento adequado das regras do jogo, é um dos pilares do processo eleitoral democrático. Isso significa dizer que, para que o processo eleitoral possa assumir o protagonismo que lhe cabe nos regimes democráticos contemporâneos, a institucionalização de determinados mecanismos, que possibilitem que o jogo seja adequadamente jogado, constitui elemento indissociável da ideia de democracia indireta e representativa.

O direito, sob esse enfoque, assume um relevante papel ao estabelecer regras de conduta para aqueles que se propõem a participar do jogo democrático, fornecendo as normas que regulamentam esse complexo desencadear de atos necessários para a definição de, desde quem são os jogadores, passando por como o jogo deve ser jogado, como pontuar e computar o escore e, por fim, como será declarado o vencedor. Ao assim proceder, o direito igualmente possibilita a parametrização necessária para o exercício da atividade de controle.

Toda essa dinâmica é regulada pelo direito que figura, para a atividade de controle, como pressuposto.

A atividade de controle, portanto, não se dá no vácuo ou no vazio. O fiscal não decide, ele próprio, o objeto de sua atividade, e tampouco elege arbitrariamente os critérios que a nortearão. O controle pressupõe, assim, critérios previamente definidos, estabelecendo competências, objetivos de investigação e formas de atuação. O desenho dessa dinâmica cabe ao direito.

Os órgãos de controle, portanto, agem parametrizados, pois buscam no direito a fonte e a extensão de sua competência.

O direito, portanto, é simultaneamente fonte e limitação de exercício de poder. Não se trata, é verdade, de constatação aplicável exclusivamente às atividades de controle. Todos os órgãos e instituições estatais, dos mais diversos matizes, têm no direito sua fonte de competência e parâmetro de atuação. É também assim com os órgãos de administração, que são incumbidos de aplicar o direito posto, na sua respectiva área de atuação.

No que toca, especificamente, ao controle do processo eleitoral democrático, ele se insere como mecanismo vocacionado a um especial objetivo: garantir a normalidade e autenticidade das eleições.

De fato, "em sua totalidade, o processo eleitoral constitui um bem jurídico. E como tal é objeto de proteção constitucional e legal." Essa proteção visa garantir "sua normalidade, higidez e sinceridade", da qual "exsurgem a legitimidade das eleições e dos mandatos representativos, abrindo-se a porta para o exercício legítimo e consentido do poder político. Trata-se, portanto, de um bem jurídico fundamental para a democracia." (GOMES, J., 2013, p. 238)

A idoneidade do processo eleitoral somente pode ser atingida mediante o estabelecimento de uma base normativa, constituída de normas de conteúdo democrático, que igualmente devem estar associadas a mecanismos de controles eficazes, que assegurem que essa base normativa seja efetivamente observada.

É da sintonia fina entre as bases normativas de regulação do processo e o sistema de controle das eleições que decorrem pleitos eleitorais escorreitos, conclusão essa que, reconhece-se, parece muito mais fácil de se chegar idealmente, em termos abstratos, do que implementar concretamente.

No entanto, isso não torna falso o argumento de que a regulação e o controle, simbioticamente, devem concorrer harmonicamente para assegurar o processo eleitoral democrático.

Comprometida a regulação, o controle, justamente porque nela se pauta, será ineficaz. E da mesma forma, o controle, em descompasso com a regulação, se converte em ato de arbítrio. E, como tal, é essencialmente antidemocrático.

Portanto, esse dois elementos, regulação e controle, são igualmente necessários numa perspectiva democrática de processo eleitoral.

Já foi dito que as eleições não se ganham na obtenção de votos, mas sim na sua apuração. A frase, com toda sua ironia, releva o quão importante é o sistema de controle de eleições, cuja fraude compromete irremediavelmente o processo eleitoral e a própria democracia.

Como exposto por José Jairo Gomes, "o controle visa assegurar a legitimidade e sinceridade do pleito; tem, pois, a finalidade de depurar o processo eleitoral, livrando-o de abusos de poder, fraudes e irregularidades que possam desnaturá-lo." (2013, p. 63)

Afinal, "para que os governos se sucedam pacificamente, deve ser racionalmente estruturada uma técnica que assegure a normal apuração da vontade popular, com rigorosa probidade." (RIBEIRO, 2000, p. 152)

Nesse contexto, visando cumprir esse propósito de controle, a doutrina aponta a existência de três diferentes formas de organização institucional, conhecidas como sistemas eleitorais de controle.

A marca distintiva primordial desses sistemas diz respeito ao órgão incumbido de dirigi-los, conforme será exposto a seguir.

3.1 Sistema de verificação de poderes

Conhecido como sistema de verificações de poderes, o primeiro dos sistemas de controle das eleições tem a sua coordenação realizada por órgãos pertencentes ao Poder Legislativo.

De acordo com Suzana de Camargo Gomes (1998), o nascedouro desse sistema se deu na França, em 1588, em um primeiro momento ainda de forma pouco institucionalizada, vindo a se firmar naquele país apenas em 1789.

Embora a França tenha sido o berço desse sistema, a sua consolidação se deu realmente foi na Inglaterra, no século XVII, sob a concepção de que o Legislativo não poderia sofrer interferência dos monarcas na composição dos membros que integrariam as casas legislativas.

Antes da instituição de sistemas de controle, a verificação eleitoral era uma prerrogativa do monarca, que tinha o poder de controlar e definir o resultado da escolha dos representantes nos parlamentos.

Tal sistema, portanto, teve como escopo a afirmação de autonomia das assembleias representativas em face do Poder Executivo, compreendendo-se à época que, para tanto, somente o próprio órgão parlamentar poderia conduzir os trabalhos de eleição de seus membros, bem como atestar a idoneidade de tal procedimento.

Ainda nesse tocante, Suzana de Camargo Gomes ensina que, sob o sistema de verificação de poderes, "teve ampla difusão o dogma fundamental de que 'cada Câmara é o único juiz da elegibilidade e da regularidade da eleição de seus próprios membros.''' (1998, p. 24)

De acordo com Fávila Ribeiro (2000), além de o defenderem como uma maneira de firmar a independência funcional do Legislativo, em face das pressões dos órgãos de governo do Executivo, os defensores do sistema de verificação de poderes, igualmente, rechaçavam modelos de controles de natureza jurisdicional.

O argumento para tanto se dava sob a ótica de que o Poder Judiciário não poderia deixar a arena da justiça para ingressar na arena das decisões políticas, sob pena de ter comprometida sua imagem de neutralidade.

O sistema de verificação de poderes é, ainda hoje, adotado em alguns países, entre os quais se destacam os Estados Unidos da América, a Argentina, a Itália, a Bélgica, a Dinamarca, a Finlândia e a Noruega.

Já França e Inglaterra, embora nações em que se gestaram os embriões desse sistema, não mais o adotam. (GOMES, S., 1998)

É interessante notar que no Brasil já foi adotado tal sistema, presente na Carta Imperial de 1824 e na primeira Constituição Republicana, de 1981, conforme lições de Fávila Ribeiro (2000).

3.2 Sistema eclético

O sistema eclético surgiu do reconhecimento de alguns inconvenientes relativos ao sistema de verificação de poderes. Este, embora tenha se firmado sob a bandeira da separação de poderes, e seja visto como uma extensão da própria independência do Legislativo, traz consigo um evidente inconveniente.

Isso porque o sistema de verificação de poderes, ao chamar para o Poder Legislativo a responsabilidade de conduzir o processo eleitoral e declarar a regularidade da elegibilidade de seus membros, funciona bem como mecanismo emancipatório do Parlamento em relação ao Poder Executivo, mas coloca em risco a idoneidade das eleições e a autenticidade do sistema representativo.

É que as decisões nesse sistema são eminentemente políticas, podendo estar sujeitas, portanto, à flutuação das conveniências políticas que habitam as casas legislativas.

De acordo com Fávila Ribeiro:

> As ocorrências no interior dos órgãos legislativos, deturpando a sinceridade do regime representativo, impeliam à formulação de novos

> teoremas constitucionais, tanto mais quando já não se havia de recear do absolutismo executivo, mas da onipotência das maiorias parlamentares. (RIBEIRO, 2000, p. 154)

É também o posicionamento de José Jairo Gomes ao comentar o sistema de verificação de poderes, para quem:

> Cedo, porém, despontaram graves distorções, entre as quais se destacam: a discricionariedade dos julgamentos, o acentuado corporativismo, a inconveniência de se entregar função tipicamente jurisdicional (que, em princípio, deve se basear em critérios técnicos) a órgão eminentemente político, diretamente comprometido com as questões a serem apreciadas. (2013, p. 62)

O sistema eclético, nesse contexto, busca sua virtude na adoção de mecanismos que contrabalanceiem a necessidade de se garantir a autonomia do Legislativo frente ao Executivo, sem, por outro lado, sujeitar o processo eleitoral à incerteza das decisões estritamente políticas pelos próprios membros das casas legislativas.

A solução adotada pelo sistema eclético, geralmente, passa pela criação de órgãos de composição mista, com membros oriundos do próprio Legislativo que atuarão em conjunto com membros de outros poderes, Executivo e Judiciário, na verificação eleitoral.

É possível, ainda, que esses organismos de verificação das eleições sejam constituídos não necessariamente de membros de poder, mas por indivíduos indicados pelos diversos poderes estatais.

Também são conhecidos como sistemas ecléticos modelos de controle eleitoral que estabelecem divisões dos trabalhos eleitorais em distintas instâncias e funções, repartidas entre diferentes poderes. Nesse sentido, pode-se citar a possibilidade de condução dos trabalhos administrativos pelo Legislativo, prevendo-se que litígios sejam dirimidos por órgãos de natureza judicial.

Anota Fávila Ribeiro (2000) que a Alemanha, sob a Constituição de Weimar, experimentou sistema eclético consistente na criação de órgão denominado de Tribunal de Verificação Eleitoral. Conquanto denominado "tribunal", referido órgão estava vinculado à Assembleia Nacional, e era composto por membros indicados pela própria Assembleia Nacional e também por integrantes do Tribunal Administrativo, indicados pelo Presidente da República, sendo marcado, portanto, por uma espécie de equalização de forças entres os poderes Legislativo, Executivo e Judiciário.

Já a atual Constituição da República Federal da Alemanha confere ao Legislativo o controle eleitoral de seus membros, com a possibilidade de recurso a respeito das deliberações ao Tribunal Constitucional Federal daquele país.

Logo, o sistema eclético de controle de eleições não é um só. São muitos, variando de acordo com o desenho institucional adotado por cada Estado, em cada época. Adotaram ou adotam sistemas ecléticos a França, Portugal, a Itália e a Espanha (GOMES, S., 1998).

O que permite destacar o sistema eclético como categoria de sistema de controle de eleições é o fato de que tal modelo surgiu posteriormente ao sistema de verificação de poderes, com o específico objetivo de aprimorar tal sistema, permitindo, a um só tempo, a intervenção de outros poderes e a preservação da participação do Legislativo no controle das eleições.

3.3 Sistema jurisdicional

Como pode estar evidente, o sistema jurisdicional distingue-se dos demais pelo fato de ser um modelo no qual a atribuição de verificação das eleições é desvinculada dos órgãos nos quais os mandatos são disputados, estabelecendo-se, em lugar, o controle e direção do pleito por um corpo de magistrados.

De acordo com Rodolfo Viana Pereira, a instituição desse sistema veio "com a intenção de substituir um controle discricionário por um controle técnico e juridicamente enquadrado." (PEREIRA, 2008, p.38)

Trata-se, portanto, da tentativa de estabelecimento de um controle estritamente jurídico, acreditado na ideia geral de equidistância do Poder Judiciário e de neutralidade do direito, quando aplicado por juízes, em relação às questões político-partidárias.

Tal sistema claramente se contrapõe, portanto, à ideia do sistema de controle pelo Legislativo, que afirma e reconhece na própria política o fórum deliberativo das questões eleitorais, como forma de emancipação das casas legislativas.

É interessante notar que o sistema jurisdicional nasceu na Inglaterra por meio do *Election Petitions and Corrupt Practices at Elections Act,* de 1868, e o *Parlamentary Elections and Corrupct Pratics Act*, de 1879, tendo sido promulgados "em um ambiente de combate às fraudes e corrupções eleitorais que infestavam a prática britânica" (PEREIRA, 2008, p. 38), e que aflorou justamente durante o sistema de verificação de poderes, até então vigorante.

Por essa razão, diversos autores tendem a enxergar o sistema jurisdicional como uma espécie de evolução natural do modelo de controle pelo Legislativo – embora diversos países da atualidade ainda adotem o sistema de verificação de poderes.

Como exemplo desse pensamento, cita-se Suzana Camargo Gomes que, após destacar que o sistema parlamentar "mostra-se perigoso", afirma a existência de "uma tendência nítida dos países democráticos em adotar, cada vez de forma mais acentuada e pura, o sistema jurisdicional de controle das eleições" (1998, p. 40).

O mesmo ocorre com Fávila Ribeiro (2000), cuja obra parte de análise histórica, precisamente do caso inglês como referência, para afirmar a adoção do modelo judicial como um passo adiante em relação ao modelo parlamentar de controle de eleições.

Nesse sentido, o mencionado autor reconhece o modelo legislativo como um momento histórico de afirmação do poder parlamentar:

> Inegável que o sistema da verificação dos poderes teve seu papel de engrandecimento parlamentar, servindo para conter as danosas pressões reais e a extirpação da posição caudatária que o tempo não mais admitia e para que a instituição desenvolvesse o seu papel mais relevante de exercer o controle político do aparelhamento governamental, envergando o seu mais salutar atributo na representação da sociedade. (RIBEIRO, 2000, p. 164)

No entanto, ainda de acordo com o autor, conquistado esse objetivo, e firmada a independência do parlamento, as experiências práticas passaram a revelar os inconvenientes dos legisladores serem os próprios árbitros da correição de seus procedimentos eleitorais. Afinal, os julgamentos eram conduzidos por aqueles diretamente interessados no seu resultado:

> No sistema de verificação de poderes encontra-se uma incapacidade institucional que afeta a intrínseca validade dos desempenhos judicantes no âmbito parlamentar, desviando-se o órgão político de sua missão representativa dos antagonismos vitais da sociedade, fugindo a essa enaltecedora missão política, para fazer encenações de imparcialidade com julgamentos em causas próprias, para os quais está irremediavelmente desvocacionado." (RIBEIRO, 2000, p. 165)

Dessa forma, a alternância do modelo legislativo para o modelo jurisdicional decorreria da superação de um momento histórico de fragilidade do Legislativo em face do Poder Executivo, e do surgimento de percepção de que, fortalecido o parlamento, sua maior ameaça passaria a ser intestina, fazendo do reclamo de procedimentos eleitorais sinceros o remédio contra a ameaça de descrédito do parlamento e do próprio sistema representativo.

Pode ser dito que, num primeiro momento, a separação de poderes era a grande inspiração para o desenho dos sistemas de controle, posteriormente superada pelo crescente reconhecimento da importância da sinceridade dos procedimentos eleitorais como elemento de legitimação do exercício do poder pelos representantes eleitos.

José Jairo Gomes (2013) ensina que existem diferentes subsistemas de controle jurisdicional, nomeando-os de jurisdição ordinária, especializada ou constitucional.

> No primeiro, o controle de eleições e investiduras políticas é confiado à Justiça Comum. Já na jurisdição especializada, essa matéria é entregue a um órgão especializado, sendo criada uma estrutura dentro do Poder Judiciário. Por fim, no modelo de jurisdição constitucional, o controle é exercido por Tribunal Constitucional. (GOMES, J., 2013, p. 64)

O Brasil, assim como a Inglaterra, passou pelo sistema de verificação de poderes, adotando, já há longo tempo, sistema de controle judicial, que será objeto de tópico próprio.

3.4 O controle das eleições no Brasil

Como abordado anteriormente, assim como ocorreu em outros países, a experiência inicial de controle das eleições no Brasil se deu sob o modelo de verificação de poderes, que vigorou por longo período, durante o Império e a República Velha, tendo sido previsto nas constituições de ambos os regimes políticos.

No período imperial, ao regular as atribuições do Poder Legislativo, a Constituição Política de 1824 estabelecia ser competência da Assembleia Geral, composta por duas Câmaras, a Câmara dos Deputados e o Senado, a nomeação de seus dirigentes, bem como a "verificação dos poderes dos seus Membros", tudo "na forma dos seus Regimentos." (art. 21).

A mesma Carta previu, ainda, os Conselhos Gerais de Província, cujas eleições ocorreriam "na mesma occasião, e da mesma maneira, que se fizer a dos Representantes da Nação" (art. 74), estabelecendo que competia a referidos órgãos o exame e a verificação da "legitimidade da eleição dos seus Membros." (art. 76).

A Constituição que se seguiu, de 1891, já sob o regime da República Velha, manteve o sistema de verificação de poderes, regendo o parágrafo único do seu art. 18 que caberia à Câmara dos Deputados e ao Senado Federal "verificar e reconhecer os poderes de seus membros".

Tal modelo somente foi efetivamente rompido com a Revolução de 1930 e o fim da República Velha.

No entanto, notabiliza-se ainda durante o Império o primeiro aceno ao modelo judicial de controle dos procedimentos eleitorais no Brasil. Como bem salienta Manoel Carlos de Almeida Neto (2014), o Decreto n. 2.675, de 1875, conhecido como Lei do Terço, pela primeira vez atribuiu jurisdição eleitoral aos juízes, o que constituiu uma grande inovação em território brasileiro.

Com efeito, a Lei dos Terços atribuiu aos magistrados a competência para "conhecer da validade e nulidade da eleição de Juízes de Paz e Vereadores das Câmaras Municipais", agindo por provocação, mediante reclamação, que deveria ser proposta em até trinta dias da apuração, cabendo recurso ao Tribunal da Relação em caso de decisão pela anulação das eleições.

Não se pode deixar de enfatizar a notável experiência, pela primeira vez reconhecendo ao Poder Judiciário competência para controle e fiscalização de eleições, com poderes inclusive para invalidação do pleito, em caso de "fraude plenamente comprovada e que prejudique o resultado da eleição".

No entanto, e embora isso não desmereça a importância histórica da inovação trazida pela Lei dos Terços, é forçoso reconhecer que se tratou de algo episódico, já que restrito a um período determinado, e bastante limitado, alcançando apenas as eleições de Juízes de Paz e Vereadores.

Para as eleições de maior expressão, o sistema que realmente vigorou nos períodos do Brasil Imperial e da República Velha, antes e depois da Lei dos Terços, foi mesmo o do controle legislativo das eleições.

A adoção desse modelo no Brasil, seja no Império, seja na República Velha, não esteve imune à crítica que lhe é mais peculiar: dar ensejo ao cometimento de fraudes e corrupções, que viciariam de forma indelével o resultado das eleições.

Citado por Almeida Neto (2014), Nelson Nunes Sampaio afirma que, até que fosse realmente implantado o sistema judicial de controle, após a Revolução de 1930, o Brasil não chegou a vivenciar nenhuma eleição verdadeira. De acordo com o autor,

> durante todo o Império, ouviu-se o clamor contra a "mentira eleitoral". As eleições eram fabricadas pelo Gabinete no poder, que usava de todas as armas de fraude, do suborno, da pressão e da violência para obter sempre vitórias eleitorais." (ALMEIDA NETO, 2014, p. 38)

O mesmo cenário de corrupção dos procedimentos eleitorais foi vivenciado pelo sistema de verificação de poderes que vigorou na República Velha, sendo conhecidos episódios de desaparecimento de livros de ata, não comparecimento deliberado de mesários (resultando em não instalação de mesas eleitorais), fraudes de alistamento (com a inclusão e a exclusão de eleitores), e até mesmo furto de urnas. (ALMEIDA NETO, 2014, p. 37-38).

Victor Nunes Leal descreve que os desvios ocorriam tanto na recepção dos votos quanto na verificação das eleições. Isso permitia eliminar ou eleger fraudulentamente candidatos já na colheita de votos. E caso não logrado tal intento nesse primeiro momento, candidatos diplomados poderiam ter não reconhecidos seus diplomas na verificação de poderes pelas casas legislativas, sendo impedida a posse.

> Duas falsificações mais importantes dominavam as eleições da Primeira República: o bico de pena e a degola ou depuração. A primeira era praticada pelas mesas eleitorais, com funções de junta apuradora: inventavam-se os nomes, eram ressuscitados os mortos e os ausentes compareciam; na feitura das atas a pena todo- poderosa dos mesários realizava milagres portentosos. A segunda metamorfose era obra das câmaras legislativas no reconhecimento de Poderes: murros dos que escapavam das ordálias preliminares tinha seus diplomas cassados na provação final. [...] o número de depósitos nas urnas era de pouca significação no reconhecimento, desde que houvesse interesse político em conservar. (LEAL, 2012, p. 215)

É possível perceber, assim, que, tal como no exemplo inglês, a modificação do sistema legislativo para o judicial de controle das eleições teve como um dos seus principais fatores motivacionais também o ideal de combate à fraude e à corrupção dos procedimentos eleitorais.

Ressalta José Neri da Silveira (1998) que a Aliança Liberal, que resultaria na Revolução de 1930, fez inserir em seu manifesto que "as melhores leis serão inócuas ou danosas, se ao seu lado não houver justiça organizada que as cumpra e faça cumprir integralmente", introduzindo, assim, o sistema judicial de controle das eleições como ideal político para a garantia de legitimidade dos processos eleitorais.

A mesma percepção é compartilhada por Tiago Silva e Estevão Silva (2015). De acordo com esses autores, "a intenção dos atores políticos na reforma eleitoral de 1932 relaciona-se à tentativa de aprimorar o então vigente regime representativo no país – a busca por uma representação mais genuína da sociedade e pela construção de efetivos partidos políticos." (p. 79)

Tal ideal veio a se institucionalizar com a queda da República Velha, culminando na edição, no primeiro governo de Getúlio Vargas, do Código Eleitoral de 1932, cujo anteprojeto mencionava em sua justificativa que a aplicação daquela lei era condição para a verdade democrática, que somente poderia ser alcançada pela eliminação da influência direta dos atores políticos nos procedimentos eleitorais. A criação de uma instituição, alegadamente neutra, seria a melhor estratégia para alcançar esse objetivo.

Dessa forma, introduzia-se no Brasil o sistema de controle judicial de eleições, por meio da criação de uma jurisdição especializada, a Justiça Eleitoral, com funções contenciosas e administrativas, "voltada exclusivamente para o controle e organização das eleições (alistamento eleitoral, campanha, votação, apuração dos votos, proclamação e diploma dos eleitos) e, ainda, resolução dos conflitos dela surgidos." (GOMES, J., 2013, p. 64)

Seguiu-se ainda, com a Constituição de 1934, apesar de sua curta vigência, a constitucionalização da Justiça Eleitoral, atribuindo-se ao órgão "competência privativa para o processo das eleições federais, estaduais e municipais" (art. 83), e arrolando como responsabilidades dela resolver arguições de inelegibilidade e incompatibilidade, proceder à apuração e a proclamação dos eleitos, julgar os delitos eleitorais e decretar a perda de mandato.

Mesmo que esse período tenha se notabilizado como um enorme passo rumo à construção do sistema judicial de controle das eleições no Brasil, ele foi logo interrompido.

No período de 1937 a 1945, sob a vigência do Estado Novo, a Justiça Eleitoral foi extinta pela Constituição de 1937, outorgada por Getúlio Vargas, vindo a ser restaurada apenas em 1945, por meio do Decreto-Lei n.7.586/1945, que estabeleceu procedimentos eleitorais e que os serviços eleitorais seriam conduzidos por Juízos Eleitorais nas capitais, comarcas, termos e distritos, Juntas Eleitorais, um Tribunal Regional na capital de cada Estado e no Distrito Federal, bem como por um Tribunal Superior, na capital da República.

A partir de então, todas as constituições brasileiras que se seguiram voltaram a incluir a Justiça Eleitoral dentre os órgãos do Poder Judiciário, atribuindo a ela a responsabilidade de conduzir os trabalhos eleitorais. Foi assim na Constituição de 1946, na Constituição de 1967 e na atual Constituição de 1988.

3.5 A Justiça Eleitoral brasileira

Em sua atual formatação, o controle de eleições no Brasil se consolidou como sistema jurisdicional, tendo-se optado pela jurisdição especializada.

A Constituição vigente, de 1988, incluiu dentre os órgãos do Poder Judiciário "os Tribunais e Juízes Eleitorais" (art. 92, V), dedicando toda uma seção à formatação básica desse órgão, composto, de acordo com o próprio texto constitucional, por Juntas Eleitorais, Juízes Eleitorais, Tribunais Regionais Eleitorais e o Tribunal Superior Eleitoral.

A atual Constituição estabelece caber à Lei Complementar dispor sobre organização e competência dos tribunais, dos juízes e das juntas eleitorais, sendo nisso, distinta de constituições anteriores, que previam já em seu texto grande parte das atribuições dessa Justiça especializada.

Com efeito, a Constituição de 1934 previu também a competência do órgão para proceder ao alistamento, decidir arguições de inelegibilidade e incompatibilidade, proceder à apuração e proclamação dos eleitos, julgar os delitos eleitorais e decretar a perda de mandato. A Constituição de 1946 previu atribuições bastante similares, estabelecendo caber à Justiça Eleitoral o processo eleitoral, a apuração das eleições e a expedição de diploma aos eleitos, o alistamento, a divisão eleitoral, assim como a decisão das arguições de inelegibilidade. Também foi prevista a competência da Justiça Eleitoral para registro e a cassação de registro dos partidos políticos. A redação da Constituição de 1967 é semelhante à de 1946, sem grandes modificações.

Muito embora a Constituição de 1988 não tenha adotado redação similar, não estabelecendo, em seu texto, o rol de competências materiais da Justiça Eleitoral, é possível inferir algumas dessas competências em disposições esparsas.

Nesse sentido, ao dispor sobre direitos políticos, a Constituição de 1988 previu a hipótese de impugnação de mandato eletivo perante a Justiça Eleitoral, em caso de prova de abuso de poder econômico, corrupção ou fraude nas eleições, (art. 14, § 10). Ainda, ao tratar dos partidos políticos, cuidou a Constituição de 1988 de estabelecer a fiscalização de suas finanças pela Justiça Eleitoral (art. 17, III). No ato das disposições constitucionais transitórias se encontram normas específicas, versando sobre registro de candidatura perante a Justiça Eleitoral para as eleições de 15 de novembro de 1988, bem como estabelecendo competência desse órgão para elaboração de calendário para as eleições do Estado de Tocantins, então criado.

Assim, a partir da Constituição de 1988, a maior parte das atribuições e competências da Justiça Eleitoral ficou mesmo a cargo da legislação infraconstitucional.

Por outro lado, a estruturação orgânica da Justiça Eleitoral, incluindo definição de seus órgãos, sua composição, bem como a forma de investidura e o período de exercício das funções pelos seus membros encontra regulação bastante clara no atual texto constitucional.

Um ponto a se destacar é o fato de que a Justiça Eleitoral não possui corpo próprio de juízes, visto que a investidura de seus membros é sempre temporária, inclusive a de membros substitutos.

Esses membros, que compõem a Justiça Eleitoral apenas transitoriamente, são oriundos de diferentes órgãos do Poder Judiciário, de distintas esferas a graus de jurisdição, presente ainda a participação de membros da advocacia e, portanto, não integrantes da carreira da magistratura.

Essa conformação da composição da Justiça Eleitoral, transitória e bastante heterogênea, não encontra nenhum paralelo nos demais órgãos judicantes do Poder Judiciário, excetuado apenas o Conselho Nacional de Justiça que, não obstante, não exerce jurisdição.

Em relação ao órgão de cúpula da Justiça Eleitoral, o Tribunal Superior Eleitoral é composto de sete membros, sendo três deles Ministros oriundos do Supremo Tribunal Federal, dois Ministros oriundos do Superior Tribunal de Justiça, e outros dois membros provenientes da advocacia. Por eleição é feita a escolha dos integrantes do Tribunal Superior Eleitoral provenientes do Supremo Tribunal Federal e Superior Tribunal de Justiça. A eleição é efetuada mediante voto secreto, e realizada perante o colegiado de cada um dos órgãos jurisdicionais de origem desses julgadores.

Já no que toca aos membros advogados, a Constituição estabelece procedimento de escolha marcado pela participação do Chefe do Poder Executivo Federal, que selecionará dois membros dentre seis predeterminados pelo Supremo Tribunal Federal, exigindo-se notável saber jurídico e idoneidade moral dos candidatos.

A despeito da presença de membros advogados, não oriundos, portanto, da carreira pública de magistrado, apenas àqueles oriundos dessa é reservada a administração do órgão, sendo privativa dos membros provenientes do Supremo Tribunal Federal as funções de

Presidente e Vice-Presidente do Tribunal Superior Eleitoral. Por sua vez, o cargo de Corregedor Eleitoral deve ser ocupado por um dentre os Ministros do Superior Tribunal de Justiça em atuação no Tribunal Superior Eleitoral.

Logo a seguir na estrutura organizacional da Justiça Eleitoral, encontram-se os Tribunais Regionais Eleitorais, que correspondem à segunda instância jurisdicional dessa justiça especializada.

Há um Tribunal Regional Eleitoral em cada Estado e no Distrito Federal, sendo também composto, cada um deles, por sete membros, a saber: dois desembargadores do Tribunal de Justiça, dois juízes dos quadros da Justiça Comum estadual (e do Distrito Federal), e um juiz do Tribunal Regional Federal com sede na Capital do Estado ou no Distrito Federal, ou, não havendo sede de Tribunal Regional Federal, um juiz federal indicado pelo Tribunal Regional Federal com jurisdição na localidade.

Assim como no Tribunal Superior Eleitoral, os Tribunais Regionais Eleitorais têm na sua composição dois membros dos quadros da advocacia.

A forma de seleção dos membros dos Tribunais Regionais Eleitorais é muito semelhante àquela definida para o órgão de cúpula da Justiça Eleitoral, fazendo-se, para os membros magistrados, mediante eleição por escrutínio secreto perante os órgãos colegiados aos quais vinculados funcionalmente. A seleção dos julgadores provenientes da classe dos advogados é também efetuada pelo Presidente da República, dentre seis candidatos, exigindo- se igualmente o notável saber jurídico e a idoneidade moral. No entanto, esses seis candidatos serão definidos pelo Tribunal de Justiça dos Estados, e não pelo Supremo Tribunal Federal.

É interessante notar que a composição dos Tribunais Regionais Eleitorais tem forte influência dos Estados e do Distrito Federal, mais precisamente do Poder Judiciário dos Estados e do Distrito Federal, que indica diretamente quatro dos seus sete membros, e participa da seleção de outros dois membros, além de ocupar privativamente as funções de Presidente e Vice-Presidente, que necessariamente deverão ser preenchidas por desembargadores.

A seu turno, toda a primeira instância da Justiça Eleitoral é composta por Juízes de Direito, integrantes do quadro funcional da Justiça dos Estados e do Distrito Federal, que igualmente presidem as Juntas Eleitorais.

Não obstante a presença de magistrados estaduais na composição da Justiça Eleitoral, trata-se de órgão federal, pertence à União, sendo por ela custeada.

José Jairo Gomes (2013) enxerga nesse desenho institucional um forte componente federativo, justificado pelo fato de que as eleições não são apenas para mandatos federais, mas igualmente para mandatos estaduais, distritais e municipais.

Há previsão de membros substitutos para o Tribunal Superior Eleitoral e para os Tribunais Regionais Eleitorais, cuja escolha deve ser efetuada na mesma ocasião e pelo mesmo processo dos membros titulares, em número igual para cada categoria.

No que toca ao prazo da investidura, como já dito, é temporário. A Constituição de 1988 estabeleceu sistema segundo o qual os juízes do Tribunal Superior Eleitoral e dos Tribunais Regionais Eleitorais devem ocupar as funções por dois anos, e nunca por mais de dois biênios consecutivos.

A Constituição de 1988 não estabelece a mesma sistemática para a primeira instância da Justiça Eleitoral, certamente porque são muitas as localidades que contam com um único Juiz de Direito, o que inviabilizaria o sistema de investidura bienal. No entanto, a legislação infraconstitucional cuidou de regular o mesmo sistema para as Zonas Eleitorais onde houver mais de um juiz, conforme se colhe do art. 33 do Código Eleitoral.

Diante na natureza temporária da investidura, os juízes eleitorais, no exercício da função, evidentemente não gozam da vitaliciedade, mas apenas da garantia da inamovibilidade, que a Constituição de 1988 lhes atribui expressamente.

Muito embora destaque o "bom desempenho que sempre lhe foi reconhecido", José Jairo Gomes (2013), em tom crítico, aduz que "o ideal seria que a Justiça Eleitoral contasse em todas as instâncias com corpo próprio e especializado de juízes", o que vislumbra como necessário para que "fosse uma justiça autônoma e independente, como são os demais ramos do Poder Judiciário." (GOMES, J., 2013, p. 65)

Por sua vez, Almeida Neto (2014) enxerga na ausência de quadro próprio de juízes uma vantagem "altamente positiva para a evolução da Justiça Eleitoral, uma vez que não permite o engessamento da jurisprudência, e sim o seu desenvolvimento segundo a dinâmica político-social." (ALMEIDA NETO, 2014, p. 43)

Deve-se observar que, embora a composição da Justiça Eleitoral seja heterogênea, a maior parte de seus membros são indivíduos que já integram o Poder Judiciário, estando impedidos, portanto, do exercer atividades político-partidárias (art. 95, parágrafo único, III, da Constituição de 1988). Atende-se, com isso, aos anseios daqueles que enxergam na figura dos magistrados a neutralidade e o desinteresse necessários para a condução dos procedimentos eleitorais.

E conquanto o Chefe do Poder Executivo Federal também indique membros da Justiça Eleitoral, isso se dá em menor escala, e sua decisão nesse processo decisório é mitigada pela prévia definição de lista sêxtupla, cuja elaboração constitui prerrogativa do Poder Judiciário.

De todo modo, nota-se que embora haja certa participação do Poder Executivo, nos termos acima descritos, o Poder Legislativo, por outro lado, não detém qualquer participação na verificação dos procedimentos eleitorais, o que denota a inexistência de resquícios do sistema legislativo de controle de eleições na atual quadra.

Assim, ao menos formalmente, haveria demarcada cisão entre as funções de regulação (Poder Legislativo) e controle (Poder Judiciário) do processo eleitoral.

3.6 As funções da Justiça Eleitoral

Uma vez estabelecido o sistema judicial como modalidade de controle de eleições no Brasil, cumpre investigar como o órgão investido dessa atribuição, a Justiça Eleitoral, desempenha esse papel.

Tratando-se de órgão do Poder Judiciário, a função típica da Justiça Eleitoral, como é de se intuir, consiste na função jurisdicional, vale dizer, na imposição do direito, objetivando solucionar conflitos intersubjetivos, de forma definitiva.

E essa é, de fato, uma relevante função da Justiça Eleitoral. Mas não a única, uma vez que a Justiça Eleitoral também está incumbida de outras atribuições relacionadas ao processo eleitoral, sendo conhecido, por exemplo, o seu papel na preparação e na organização das eleições, tarefa essa que não se confunde com as soluções de litígios que possam surgir desse complexo iter que é o processo de seleção de representantes do povo. Essas duas grandes funções, aliás, poderiam perfeitamente ser cindidas e atribuídas a órgãos distintos, como ocorre, por exemplo, no sistema eclético de controle das eleições, a respeito do qual este trabalho já discorreu.

De todo modo, o que se pretende dizer é que na Justiça Eleitoral foram concentradas diferentes funções, reunindo, cada qual, um plexo distinto de mecanismos e atribuições, verdadeiro ferramental que, conquanto sob óticas funcionais diversas, têm em comum um único objetivo: garantir um processo eleitoral democrático.

Duas dessas funções, já brevemente mencionadas, mais visíveis e conhecidas, são as funções administrativa e jurisdicional. Além delas, a doutrina aponta também as funções normativa e consultiva como típicas da Justiça Eleitoral na sua atual conformação, estabelecida pelo legislador constitucional e infraconstitucional.

Cada uma dessas funções será objeto de exposição a seguir.

3.6.1 Função administrativa

A função administrativa consiste no conjunto de atos e realizações formais e materiais, legalmente parametrizados, de que dispõe a Justiça Eleitoral para viabilizar a realização de eleições periodicamente, objetivando o preenchimento dos cargos eletivos definidos como tal pela Constituição.

Tal função da Justiça Eleitoral comporta uma enormidade de atribuições, destinadas a preparar, organizar e administrar o processo eleitoral, podendo inclusive contemplar atividades muito antecedentes ao próprio processo eleitoral.

Como exemplo de atividades administrativas da Justiça Eleitoral é possível citar o alistamento de eleitores, a expedição de títulos eleitorais, as transferências de domicílios eleitorais, o registro de partidos políticos, assim como a fiscalização de suas finanças, a recepção e divulgação de lista de filiados, a seleção dos mesários, o registro das candidaturas, a distribuição do tempo de propaganda, a preparação das urnas de votação, a apuração e a totalização dos votos, a proclamação do resultado e a diplomação dos eleitos.

Tais tarefas, assim como diversas outras, se inserem dentro da competência administrativa da Justiça Eleitoral, demandando um complexo e exaustivo planejamento logístico, notadamente em razão da grande extensão territorial do Brasil.

Também inseridas na competência administrativa se incluem as atribuições de fiscalização da Justiça Eleitoral, que, resumidamente, importam no controle coercitivo de práticas ilegais pelos atores envolvidos na disputa eleitoral, mostrando-se mais visível no âmbito da propaganda e da arrecadação e gastos de recursos financeiros.

Tratando-se de função administrativa, compete à Justiça Eleitoral, no exercício desse mister, adotar por iniciativa própria as medidas necessárias para a organização e a realização de eleições, o mesmo ocorrendo quanto às atividades de fiscalização. A Justiça Eleitoral age, sob esse aspecto, por impulso oficial, independendo, portanto, de provocação dos interessados. (COSTA, 2002)

Assim, a força que impulsiona a Justiça Eleitoral no exercício da função administrativa é a força normativa das disposições legais que lhe atribuíram competência de conduzir o processo eleitoral. Tal competência, dessa forma, se revela como dever funcional para os órgãos que compõem essa Justiça especializada.

A responsabilidade desse encargo da Justiça Eleitoral é tão expressiva que Sepúlveda Pertence, em voto proferido perante o Tribunal Superior Eleitoral, no julgamento do Mandado de Segurança n. 1501 (BRASIL, 1992), já definiu a função administrativa como a atividade- fim primordial da Justiça Eleitoral:

> Ao passo que na Justiça ordinária, como nos demais ramos de Justiça especializada, a atividade-fim dos juízes e tribunais, por definição, é de natureza quase exclusivamente jurisdicional, reduzindo-se as suas atribuições administrativas ao desenvolvimento das atividades-meio de autogoverno da estrutura judiciária, diverso é o panorama da Justiça Eleitoral: nesta, como tenho tido a oportunidade de enfatizar, a sua própria finalidade finalística primeira, a direção do processo eleitoral, é predominantemente de caráter administrativo. (apud ALMEIDA NETO, 2014, p. 54)

Trata-se, sem dúvida, de enorme responsabilidade a cargo da Justiça Eleitoral, tendo em vista que a realização de eleições legítimas é pressuposto da concepção contemporânea de democracia e, portanto, do exercício consentido do poder.

3.6.2 Função jurisdicional

As eleições são realizadas em ambiente marcado pelo embate, pela disputa, resultante do natural antagonismo entre os atores que a protagonizam. Tal antagonismo, é verdade, deveria se restringir ao campo das ideias políticas e das propostas e planos de ação governamental, ofertadas ao eleitorado pelos partidos e candidatos, na tentativa de angariar- lhes o voto.

Em uma sociedade na qual convivem diferentes visões do mundo, tão diferentes quanto são o número de indivíduos que nela se integram, o choque de ideais é uma constante, notadamente quando a diversidade e o pluralismo são valores de um povo.

No entanto, tal cenário, no qual brigam apenas a ideias, respeitando os homens a si próprios e o direito, somente pode ser visualizado no plano imaginário, na qual não vive o homem, e no qual certamente não são realizadas as eleições.

Em verdade, tratando-se de procedimento institucionalizado justamente para canalizar de forma legítima a busca pelo exercício do poder por grupos e indivíduos, as eleições acabam também sendo campo fértil para o florescimento do que há de pior no ser humano. A ambição desmensurada, a sede de poder, o egoísmo, a deslealdade, a mentira, a dissimulação são sentimentos humanos frequentemente presentes numa disputa eleitoral, e que muitas vezes se convolam em ações concretas que se apresentam em desconformidade com a legislação eleitoral.

Nesse contexto, marcado pelo acirramento de ânimos, surgem conflitos de toda espécie, envolvendo interesses contrariados, de lado a lado, entre candidatos, partidos, coligações, ou simplesmente violações de bens jurídicos e direitos de natureza transindividuais, tutelados pelo ordenamento jurídico.

Exatamente em razão da necessidade de solução desses conflitos, a Justiça Eleitoral, enquanto órgão integrante da estrutura do Poder Judiciário, é dotada de função jurisdicional.

No exercício desse mister, à Justiça Eleitoral compete conhecer de demandas relacionadas a matérias legalmente determinadas, que lhes são direcionadas por iniciativa das partes contendoras, geralmente envolvendo questões litigiosas sobre a qual existam controvérsias fáticas e/ou jurídicas, a fim de que se possa conferir, a essas demandas, solução formal imposta em caráter definitivo.

De acordo com Seabra Fagundes:

> O procedimento do Estado, através da função jurisdicional, muito se assemelha, como elemento de individualização da lei, ao que é praticado por meio da função administrativa. A função jurisdicional, tanto quanto a administrativa, determina ou define situações jurídicas individuais. À

> primeira vista ela se confundiria com a administração como função realizadora do direito, pois que o ato jurisdicional é, tipicamente, um ato de realização do direito pela individualização da lei. Expressa a vontade do Estado, através do preceito normativo, todos os atos destinados a fazê-la efetiva são, sem dúvida, atos de execução. Quer os que aparecem como resultado do exercício da função administrativa quer os decorrentes da atividade jurisdicional. Mas o momento em que é chamada a intervir a função jurisdicional, o modo e a finalidade, por que interfere no processo realizador do direito, é que lhe dão os caracteres diferenciais. O seu exercício só tem lugar quando exista conflito a respeito da aplicação das normas de direito, tem por objetivo específico removê-lo, e alcança a sua finalidade pela fixação definitiva da exegese.

São, assim, três os seus elementos específicos: a) como momento do seu exercício - uma situação contenciosa surgida no processo de realização do direito; como modo de alcançar a sua finalidade - a interpretação definitiva do direito controvertido; como finalidade do seu exercício - o trancamento da situação contenciosa, consequência necessária da interpretação fixada. (FAGUNDES, 1957, p. 15)

A função jurisdicional da Justiça Eleitoral é majoritariamente (embora a isso não se restrinja) relacionada a questões que, direta ou indiretamente, possuem conexão com o processo eleitoral, envolvendo conflitos relacionados, por exemplo, à impugnação de candidaturas, descumprimento de normas relacionadas à propaganda eleitoral, ou atos tipificados na legislação como ilícitos ou crimes eleitorais, muitas vezes cometidos no curso das campanhas eleitorais.

3.6.3 Função consultiva

A função consultiva talvez seja a mais atípica das funções da Justiça Eleitoral, por não ser comum a atribuição de tal espécie de competência a órgãos integrantes do Poder Judiciário.

Isso porque, por natureza, os órgãos do Poder Judiciário, na medida em que teriam na função jurisdicional sua função típica, seriam tipicamente vocacionados para atuar apenas no âmbito da aplicação individualizada do direito, objetivando a solução de casos concretos, em razão de conflitos instaurados no plano da realidade, estabelecendo comando dirigido às partes contendoras, de sorte a definir situações jurídicas em caráter vinculante para as partes.

Já a função consultiva atenderia a lógica diversa, eis que o pronunciamento exarado pelo órgão consultivo não objetiva, e não pode objetivar, a resolução de caso individual, a respeito do qual a consulta é vedada.

É pressuposto do exercício dessa função que o órgão consultivo seja provocado sobre questões em tese. Isso significa que a Justiça Eleitoral, no âmbito de sua função consultiva, somente poderá se manifestar sobre questionamentos hipotéticos, abstratos e impessoais, devendo se abster de exarar pronunciamento quando não atendido tal requisito pelo consulente.

Outra distinção marcante entre a função jurisdicional e a consultiva decorre da força dos pronunciamentos exarados pela Justiça Eleitoral, que difere em cada um dos casos.

Os pronunciamentos de conteúdo jurisdicional são vinculativos, impondo-se coercitivamente ao menos para as partes envolvidas no processo. Interditam, ainda, que o próprio Poder Judiciário venha a rever sua decisão relativamente àquele caso analisado, ressalvadas as hipóteses permitidas em lei (v.g. recursos).

Por outro lado, os pronunciamentos de conteúdo consultivo não seriam vinculativos a quem quer que seja, não exercendo comando obrigatório em relação ao consulente, a terceiros, ou mesmo em relação à Justiça Eleitoral. Sob essa ótica, a resposta à consulta não impediria nova provocação da Justiça Eleitoral para novo exercício da função consultiva, permanecendo aberta a possibilidade, inclusive, de adoção de solução diversa daquela originalmente concebida.

Também não é incomum que questões respondidas em consultas venham, posteriormente, a ser devolvidas à Justiça Eleitoral no exercício da jurisdição, o que ocorre pela verificação, em concreto, de situação até então contemplada apenas hipoteticamente quando do exercício da função consultiva. Mesmo nesses casos, a compreensão geralmente adotada é no sentido de que o provimento jurisdicional não está condicionado, em caráter vinculante, à solução previamente definida em resposta a consultas.

Todavia, para diminuir a possibilidade de que isso ocorra, o Tribunal Superior Eleitoral tem evitado responder a consultas quando já em curso o processo eleitoral, objetivando mitigar os riscos de que questões já judicializadas (ou na iminência de serem) venham a ser objeto de consultas disfarçadas, impedindo, assim, que tal subterfúgio seja utilizado para obter um pretenso prejulgamento de casos em curso.

De acordo com o Ministro Marcelo Ribeiro, "a jurisprudência desta Corte é firme no sentido de que, iniciado o processo eleitoral, não se conhece de consulta, uma vez que o seu objeto poderá ser apreciado pela Justiça Eleitoral, em caso." (BRASIL, 2010a)

Embora a função jurisdicional e a função consultiva, comparativamente, atendam a objetivos diversos, existem similaridades entre as duas funções.

Em primeiro lugar, é imprescindível a provocação pelo interessado como condição para o exercício de ambas as funções pela Justiça Eleitoral. Assim, se é verdade que a tutela jurisdicional não será prestada senão quando a parte a requerer, o mesmo pode ser dito quanto à competência consultiva da Justiça Eleitoral, que não será exercida senão por provocação dos legitimados.

Outro ponto a se destacar é que os pronunciamentos do Poder Judiciário no exercício da função jurisdicional, além de vincular as partes diretamente envolvidas no litígio, podem exercer enorme influência e força persuasiva em relação a terceiros e ao próprio Poder Judiciário, orientando comportamentos e decisões subsequentes de casos similares.[1]

Já as respostas a consultas, ainda que a princípio não obriguem a ninguém, também gozam de força persuasiva. Afinal, elas servem justamente para orientar condutas, exercendo importante papel na prevenção de litígios e servindo como sinalização de interpretação a ser adotada por ocasião de eventual provocação da instância jurisdicional do órgão.

Fávila Ribeiro (2000) ensina que as consultas têm, eminentemente, alcance pedagógico, permitindo a solução de dúvidas sobre matéria eleitoral, delas não advindo situação de sucumbência ou de coisa julgada, não sendo os pronunciamentos exarados no exercício da função consultiva passíveis de execução coercitiva.

De acordo com Edson de Resende Castro,

> Por meio desse instrumento, o jurisdicionado toma conhecimento da posição do Tribunal a respeito da situação em tese submetida à sua apreciação, o que possibilita que os candidatos e Partidos evitem práticas que contrariem o entendimento da Justiça Eleitoral. E é ela importante principalmente porque os Tribunais mudam sua composição a cada dois anos, podendo mudar (e não raro muda) a sua jurisprudência. (CASTRO, 2010, p. 38)

---

[1] Evidentemente, existem também hipóteses em que o exercício da jurisdição vincula para além das partes do processo. No entanto, isso não será objeto de explanação neste momento.

Ressalte-se que a função consultiva da Justiça Eleitoral está restrita à matéria de direito eleitoral. Assim, não se afigura possível que a Justiça Eleitoral seja questionada quanto a matérias relacionadas, por exemplo, a questões tributárias ou trabalhistas, ainda que concernentes a relações jurídicas envolvendo partidos políticos ou candidatos.

A função consultiva se encontra disciplinada nos artigos 23, XII e 30, VIII do Código Eleitoral, que, respectivamente, atribuem tal competência ao Tribunal Superior Eleitoral e aos Tribunais Regionais Eleitorais. Os juízes eleitorais, portanto, não detém competência consultiva.

A legitimidade para consultar as Cortes Eleitorais é restrita. No âmbito do Tribunal Superior Eleitoral estão legitimados autoridades com jurisdição federal e órgãos nacionais de partidos políticos, ao passo que perante os Tribunais Regionais Eleitorais a legitimidade está jungida às autoridades públicas e aos partidos políticos.

A Justiça Eleitoral também costuma se recusar a responder as consultas quando para sua resolução seja imprescindível considerar grande variável de pressupostos e circunstâncias de fato, o que demandaria respostas condicionais ou mesmo múltiplas respostas.

Assim, por exemplo, descabe indagar se determinada conduta hipotética configuraria abuso de poder, já que para que tal ilícito se verifique devem concorrer inúmeros elementos de ordem fática e probatória, tal como a gravidade da conduta perpetrada, cuja apreensão somente poder ser feita na análise específica e concreta de casos individuais.

Diante disso, a jurisprudência do Tribunal Superior Eleitoral se firmou no sentido de que "não se conhece de consulta, quando certos pontos se assentam em pressupostos de fato, que dependem do exame concreto de cada uma das situações objeto da indagação" (BRASIL, 2009a), estabelecendo que "os parâmetros para conhecimento das consultas devem ser extremamente rigorosos, sendo imprescindível que os questionamentos sejam formulados em tese e, ainda, de forma simples e objetiva, sem que haja a possibilidade de se dar múltiplas respostas". (BRASIL, 2012a)

3.6.4 Função normativa

Ao Poder Judiciário, assim como a qualquer órgão público, não se nega possibilidade de edição de atos infralegais de conteúdo normativo quando versam sobre questões administrativas internas.

Ademais, os Tribunais possuem a prerrogativa, estabelecida no art. 96, I, a da Constituição de 1988 para elaborarem seus próprios regimentos, estabelecendo a competência e o funcionamento dos respectivos órgãos jurisdicionais e administrativos.

Todavia, quando falamos em função normativa, ou função normativo-regulamentar da Justiça Eleitoral, não se está a falar de tal espécie de competência. Trata-se, em verdade, de competência regulamentar, estabelecida legalmente.

Encontra-se ela prevista em dois diplomas específicos: Lei n. 4737/1965 (Código Eleitoral) e Lei n. 9.504/1997 (Lei das Eleições).

Nesse sentido, o Código Eleitoral previu que caberia ao Tribunal Superior Eleitoral expedir "instruções" para sua fiel execução. (art. 1, parágrafo único e art. 23, IX). O mesmo consta do art. 105 da Lei n. 9.504/1997, que estabelece ainda que tais instruções terão "caráter regulamentar" e não poderão restringir direitos ou estabelecer sanções distintas daquelas já previstas na própria lei regulamentada.

Essa competência normativo-regulamentar da Justiça Eleitoral estaria restrita ao Tribunal Superior Eleitoral, que a manifesta na forma de resoluções, não existindo previsão legal expressa de expedição de resoluções pelos Tribunais Regionais Eleitorais ou juízes eleitorais. Não obstante, não são incomuns resoluções de Tribunais Regionais Eleitorais para tratar de eleições extemporâneas.

José Jairo Gomes concebe que "as resoluções do TSE são importantes para a operacionalização do Direito Eleitoral, sobretudo das eleições, porquanto consolidam a copiosa e difusa legislação em vigor" (GOMES, J., 2013, p. 70)

O autor compreende que as resoluções do Tribunal Superior Eleitoral gozam "do mesmo prestígio" e têm a mesma "eficácia geral e abstrata atribuída às leis", ressalvando, no entanto, que "estas são hierarquicamente superiores às resoluções pretorianas" (GOMES, J., 2013, p. 70)

Como os dispositivos legais que conferem função normativo-regulamentar ao Tribunal Superior Eleitoral falam em expedição de instruções para "fiel execução" da lei, bem como que as mesmas têm "caráter regulamentar", reside certa controvérsia sobre os limites de tal competência da Justiça Eleitoral.

Acerca dos limites do poder regulamentar, ensina José dos Santos Carvalho Filho (2004) que se restringem à possibilidade "de editar atos gerais para complementar as leis e permitir a sua efetiva aplicação", estando o órgão regulamentador proibido de "alterá-la a pretexto de estar regulamentado." Caso o faça, "cometerá abuso de poder regulamentar. Por essa razão, o art. 49, V, da CF, autoriza o Congresso Nacional a sustar atos normativos que extrapolem os limites do poder regulamentar." (CARVALHO FILHO, 2004, p. 41)

A mesma linha de pensamento é seguida por Manoel Carlos de Almeida Neto em obra dedicada ao estudo do poder regulador da Justiça Eleitoral. O autor defende que "os regulamentos eleitorais só podem ser expedidos segundo a lei (*secundum legem*) ou para suprimir alguma lacuna normativa (*praeter legem*)."

Essas seriam as balizas para o exercício do poder normativo-regulamentar do Tribunal Superior Eleitoral, de forma que "quando a Justiça Eleitoral inova em matéria legislativa ou contraria dispositivo legal (*contra legem*), por meio de resolução, ela desborda da competência regulamentar". (ALMEIDA NETO, 2014, p. 197)

A despeito dessa compreensão, o Tribunal Superior Eleitoral já editou resoluções com caráter de ato normativo primário, equivalente a leis em sentido material, eis que, além de abstração, generalidade e impessoalidade, eram dotados referidos atos de autonomia jurídica, inovando no ordenamento.

Outros casos serão citados ao longo do trabalho, cumprindo aqui exemplificar como hipóteses de resoluções editadas com caráter de norma primária a Resolução n. 22.610/2007 (alterada pela Resolução n. 22.733/2008), que estabeleceu a infidelidade partidária como hipótese de perda de mandato, e a Resolução n. 23.389/2013, que alterou a representação dos Estados-Membros na Câmara dos Deputados e em suas respectivas casas legislativas, proporcionalmente à população de cada ente.

No primeiro caso[2], embora reconhecendo o caráter de norma primária das resoluções, o Supremo Tribunal Federal deixou de declarar a inconstitu-

---

2 Trata-se do julgamento da ADI 3999 (BRASIL, 2009b): EMENTA: AÇÃO DIRETA DE INCONSTITUCIONALIDADE. RESOLUÇÕES DO TRIBUNAL SUPERIOR ELEITORAL 22.610/2007 e 22.733/2008. DISCIPLINA DOS PROCEDIMENTOS DE JUSTIFICAÇÃO DA DESFILIAÇÃO PARTIDÁRIA E DA PERDA DO CARGO ELETIVO. FIDELIDADE PARTIDÁRIA. 1. Ação direta de inconstitucionalidade ajuizada contra as Resoluções 22.610/2007 e 22.733/2008, que disciplinam a perda do cargo eletivo e o processo de justificação da desfiliação partidária. 2. Síntese das violações constitucionais argüidas. Alegada contrariedade do art. 2º da Resolução ao art. 121 da Constituição, que ao atribuir a competência para examinar os pedidos de perda de cargo eletivo por infidelidade partidária ao TSE e aos Tribunais Regionais Eleitorais, teria contrariado a reserva de lei complementar para definição das competências de Tribunais, Juízes e Juntas Eleitorais (art. 121 da Consti-

cionalidade dos atos por desbordarem dos limites regulamentares, invadindo competência do Poder Legislativo e do campo reservado à lei, sob o fundamento de que as resoluções impugnadas decorreriam de "contexto excepcional e transitório, tão-somente como mecanismos para salvaguardar a observância da fidelidade partidária enquanto o Poder Legislativo, órgão legitimado para resolver as tensões típicas da matéria, não se pronunciar". (BRASIL, 2009b)

Já no segundo caso citado[3], mais recente, o Supremo Tribunal Federal, julgando inconstitucional a resolução, compreendeu que "embora apto a produzir

---

tuição). Suposta usurpação de competência do Legislativo e do Executivo para dispor sobre matéria eleitoral (arts. 22, I, 48 e 84, IV da Constituição), em virtude de o art. 1º da Resolução disciplinar de maneira inovadora a perda do cargo eletivo. Por estabelecer normas de caráter processual, como a forma da petição inicial e das provas (art. 3º), o prazo para a resposta e as conseqüências da revelia (art. 3º, caput e par. ún.), os requisitos e direitos da defesa (art. 5º), o julgamento antecipado da lide (art. 6º), a disciplina e o ônus da prova (art. 7º, caput e par. ún., art. 8º), a Resolução também teria violado a reserva prevista nos arts. 22, I, 48 e 84, IV da Constituição. Ainda segundo os requerentes, o texto impugnado discrepa da orientação firmada pelo Supremo Tribunal Federal nos precedentes que inspiraram a Resolução, no que se refere à atribuição ao Ministério Público eleitoral e ao terceiro interessado para, ante a omissão do Partido Político, postular a perda do cargo eletivo (art. 1º, § 2º). Para eles, a criação de nova atribuição ao MP por resolução dissocia-se da necessária reserva de lei em sentido estrito (arts. 128, § 5º e 129, IX da Constituição). Por outro lado, o suplente não estaria autorizado a postular, em nome próprio, a aplicação da sanção que assegura a fidelidade partidária, uma vez que o mandato "pertenceria" ao Partido.) Por fim, dizem os requerentes que o ato impugnado invadiu competência legislativa, violando o princípio da separação dos poderes (arts. 2º, 60, §4º, III da Constituição). 3. O Supremo Tribunal Federal, por ocasião do julgamento dos Mandados de Segurança 26.602, 26.603 e 26.604 reconheceu a existência do dever constitucional de observância do princípio da fidelidade partidária. Ressalva do entendimento então manifestado pelo ministro-relator. 4. Não faria sentido a Corte reconhecer a existência de um direito constitucional sem prever um instrumento para assegurá-lo. 5. As resoluções impugnadas surgem em contexto excepcional e transitório, tão-somente como mecanismos para salvaguardar a observância da fidelidade partidária enquanto o Poder Legislativo, órgão legitimado para resolver as tensões típicas da matéria, não se pronunciar. 6. São constitucionais as Resoluções 22.610/2007 e 22.733/2008 do Tribunal Superior Eleitoral. Ação direta de inconstitucionalidade conhecida, mas julgada improcedente.

[3] A questão foi apreciada no julgamento da ADI 5028 (BRASIL, 2014a): EMENTA AÇÃO DIRETA DE INCONSTITUCIONALIDADE. DIREITO CONSTITUCIONAL ELEITORAL. RESOLUÇÃO Nº 23.389/2013 DO TRIBUNAL SUPERIOR ELEITORAL. DEFINIÇÃO DA REPRESENTAÇÃO DOS ESTADOS E DO DISTRITO FEDERAL NA CÂMARA DOS DEPUTADOS. ART. 45, § 1º, DA CONSTITUIÇÃO DA REPÚBLICA. PROPORCIONALIDADE RELATIVAMENTE À POPULAÇÃO. OBSERVÂNCIA DE NÚMEROS MÍNIMO E MÁXIMO DE REPRESENTANTES. CRITÉRIO DE DISTRIBUIÇÃO. MATÉRIA RESERVADA À LEI COMPLEMENTAR. INDELEGABILIDADE. TRIBUNAL SUPERIOR ELEITORAL. FUNÇÃO NORMATIVA EM SEDE ADMINIS-

atos abstratos com força de lei, o poder de editar normas do Tribunal Superior Eleitoral, no âmbito administrativo, tem os seus limites materiais condicionados aos parâmetros do legislador", destacando que "a norma de caráter regulatório preserva a sua legitimidade quando cumpre o conteúdo material da legislação eleitoral." (BRASIL, 2014a)

Também merece ser mencionado relativamente à matéria o posicionamento de Eneida Desiree Salgado. A autora é francamente crítica em relação às resoluções do Tribunal Superior Eleitoral que, "com o pretexto de adaptar a

---

TRATIVA. LIMITES. INVASÃO DE COMPETÊNCIA. 1. Segundo a jurisprudência desta Suprema Corte, viável o controle abstrato da constitucionalidade de ato do Tribunal Superior Eleitoral de conteúdo jurídico-normativo essencialmente primário. A Resolução nº 23.389/2013 do TSE, ao inaugurar conteúdo normativo primário com abstração, generalidade e autonomia não veiculado na Lei Complementar nº 78/1993 nem passível de ser dela deduzido, em afronta ao texto constitucional a que remete – o art. 45, caput e § 1º, da Constituição Federal –, expõe-se ao controle de constitucionalidade concentrado. Precedentes. 2. Embora apto a produzir atos abstratos com força de lei, o poder de editar normas do Tribunal Superior Eleitoral, no âmbito administrativo, tem os seus limites materiais condicionados aos parâmetros do legislador complementar, no caso a Lei Complementar nº 78/1993 e, de modo mais amplo, o Código Eleitoral, recepcionado como lei complementar. Poder normativo não é poder legislativo. A norma de caráter regulatório preserva a sua legitimidade quando cumpre o conteúdo material da legislação eleitoral. Pode conter regras novas, desde que preservada a ordem vigente de direitos e obrigações, limite do agir administrativo. Regras novas, e não direito novo. 3. Da Lei Complementar nº 78/1993, à luz da Magna Carta e do Código Eleitoral, não se infere delegação legitimadora da Resolução nº 23.389/2013 do Tribunal Superior Eleitoral. 4. O art. 45, § 1º, da Constituição da República comanda a definição, por lei complementar (i) do número total de Deputados e (ii) da representação dos Estados e do Distrito Federal, proporcionalmente à população – e não ao número de eleitores –, respeitados o piso de oito e o teto de setenta cadeiras por ente federado. Tal preceito não comporta a inferência de que suficiente à espécie normativa complementadora – a LC 78/1993 –, o número total de deputados. Indispensável, em seu bojo, a fixação da representação dos Estados e do Distrito Federal. A delegação implícita de tal responsabilidade política ao Tribunal Superior Eleitoral traduz descumprimento do comando constitucional em sua inteireza. 5. Compete ao legislador complementar definir, dentre as possibilidades existentes, o critério de distribuição do número de Deputados dos Estados e do Distrito Federal, proporcionalmente à população, observados os demais parâmetros constitucionais. De todo inviável transferir a escolha de tal critério, que necessariamente envolve juízo de valor, ao Tribunal Superior Eleitoral ou a outro órgão. 6. A Resolução impugnada contempla o exercício de ampla discricionariedade pelo TSE na definição do critério de apuração da distribuição proporcional da representação dos Estados, matéria reservada à lei complementar. A renúncia do legislador complementar ao exercício da sua competência exclusiva não legitima o preenchimento da lacuna legislativa por órgão diverso. 7. Inconstitucionalidade da Resolução nº 23.389/2013 do TSE, por violação do postulado da reserva de lei complementar ao introduzir inovação de caráter primário na ordem jurídica, em usurpação da competência legislativa complementar. Ação direta de inconstitucionalidade julgada procedente, sem modulação de efeitos.

lei à eleição em disputa, acabam por inovar na ordem jurídica, impondo obrigações e restringindo direitos." (SALGADO, 2010, p. 101-102)

Segundo a autora, "a atuação da Justiça Eleitoral na expedição de resoluções é inconstitucional. Sem previsão expressa na Constituição e em face de uma função atípica, não se pode considerar a possibilidade de elaboração de normas, ainda que secundárias, pelo Poder Judiciário." (SALGADO, 2010, p. 301)

Assim, em verdade, a autora não admite, sequer, a existência de um poder para regulamentar a lei pela Justiça Eleitoral. De acordo com a supracitada, "o que se pode admitir é a expedição de instruções, compreendidas adequadamente - que se destinem apenas à atuação administrativa da Justiça Eleitoral, sem possibilidade de seus efeitos atingirem os particulares." (SALGADO, 2010, p. 301)

Não obstante tal posicionamento, e a despeito da existência de controvérsia em relação a resoluções do Tribunal Superior Eleitoral, quando editadas em caráter inovador, fato é que a utilização de tal espécie normativa é bastante difundida, sendo parte do cotidiano dos operadores do direito eleitoral.

Por fim, cumpre ainda dizer que o art. 105 da Lei n. 9.504/97 estabelece um limite temporal para a edição de resoluções, que deverão ser expedidas até 05 de março do ano eleitoral.

A aplicação do dispositivo legal, evidentemente, pode conflitar com o princípio da anualidade, estabelecido no art. 16 da Constituição de 1988, caso se trate de resolução que modifique o processo eleitoral em prazo menor do que um ano das eleições.

4
O PRINCÍPIO DA ANUALIDADE ELEITORAL

Nos capítulos anteriores, foi exposto que a democracia, na concepção contemporânea, demanda um elemento fundamental: processos eleitorais democráticos capazes de legitimar o exercício do poder, propiciando certa governabilidade e estabilidade social, o que deve ser estabelecido pelo consenso, entre vencedores e vencidos, quanto à idoneidade desse procedimento e pela garantia de sua reabertura periódica.

Para que isso seja atingido, como mencionado, concorrem ao menos dois fatores sensíveis: a regulação e o controle do processo eleitoral, cuja contaminação e desvirtuamento, de qualquer um deles, arruínam qualquer pretensão de se ter um processo eleitoral autenticamente democrático.

Uma das garantias inseridas dentro desse grande arcabouço normativo e institucional de tutela do processo eleitoral é o chamado princípio da anualidade eleitoral.

Além da denominação aqui utilizada, não são incomuns variações terminológicas, sendo as mais recorrentes: princípio da anualidade eleitoral, princípio da anualidade da lei eleitoral, princípio da anterioridade eleitoral e princípio da anterioridade da lei eleitoral. Em qualquer dos casos, a expressão quer significar a previsão normativa estabelecida no art. 16, da Constituição de 1988, cuja redação atual é a seguinte: "A lei que alterar o processo eleitoral entrará em vigor na data de sua publicação, não se aplicando à eleição que ocorra até um ano da data de sua vigência."

O princípio da anualidade eleitoral é tema recorrente em decisões do Poder Judiciário, sendo frequente em discussões sobre a aplicabilidade de alterações legislativas, ou de novas legislações, aos pleitos eleitorais que vêm ocorrendo no Brasil desde a redemocratização e a promulgação da Constituição de 1988.

Tais discussões sobejam em julgamentos promovidos no âmbito da Justiça Eleitoral, já que nesse ramo especializado do Poder Judiciário são tratadas as questões administrativas e jurisdicionais afetas ao direito eleitoral e às eleições.

No entanto, invariavelmente, chegam também ao Supremo Tribunal Federal, considerada a estatura constitucional do dispositivo que regula o chamado princípio da anualidade eleitoral, possibilitando a interposição de recurso extraordinário das decisões proferidas pelo Tribunal Superior Eleitoral.

Sem embargo, considerando o exercício da jurisdição constitucional pelo Supremo Tribunal Federal, questões relacionadas ao art. 16 da Constituição também já foram dirimidas por referido tribunal em ações de controle de constitucionalidade.

Nesse contexto, os precedentes, notadamente do Tribunal Superior Eleitoral e do Supremo Tribunal Federal, constituem, ao lado da doutrina, farto material na compreensão do princípio da anualidade eleitoral, bem como das questões controvertidas que giram em torno de tal instituto.

Em razão disso, esse capítulo buscará discorrer sobre o princípio da anualidade, visando estabelecer não só a sua definição, mas também as severas controvérsias que subjazem ao tema, e que se verificam, principalmente, no âmbito dos tribunais.

Conforme será exposto, tal instrumento tem por propósito assegurar que as regras do jogo democrático permaneçam estáveis desde quando se avizinham as eleições, de forma a garantir às formas políticas um quadro normativo que possibilite que o processo eleitoral se desenvolva sem surpresas, dentro da normalidade, sem mudanças abruptas.

Dentro dessa ótica, ao longo do capítulo, serão expostos a origem e o desenvolvimento do princípio da anualidade eleitoral, seguindo-se a busca de sua definição a partir de concepções de segurança jurídica e igualdade, que fundamentam e acabam por definir o instituto.

Em seguida, serão abordadas questões controvertidas a respeito do princípio da anualidade eleitoral, notadamente sobre sua aplicação, tendo como enfoque, principalmente, a modificação do processo eleitoral pela via legislativa. A dimensão desse princípio sob o enfoque da modificação do processo eleitoral pela via judicial será objeto de capítulo próprio.

Também será exposta a séria controvérsia existente quanto ao conceito de processo eleitoral, que não encontra qualquer consenso doutrinário ou jurisprudencial.

4.1 Origem e definição do princípio da anualidade

O presente tópico abordará a origem e a definição do princípio da anualidade eleitoral, mediante análise de sua redação, que prevê fórmula peculiar para o contingenciamento da eficácia da lei modificadora do processo eleitoral no tempo, apontando-se, ainda, as razões históricas que levaram à inserção do dispositivo no texto constitucional.

Também buscar-se-á definir o princípio da anualidade eleitoral a partir da igualdade e da segurança jurídica, dois valores fundamentais que se manifestam de forma peculiar pelo princípio da anualidade, permitindo entendê-lo como um mecanismo de mediação entre a permanência e a mudança, funcionando como um redutor de instabilidade do sistema normativo que regula o processo eleitoral, quando esse for alterado.

4.1.1 A redação do dispositivo e sua fórmula para estabilização do quadro normativo do processo eleitoral

O princípio da anualidade eleitoral já constava no texto original da Constituição de 1988, com redação distinta daquela atualmente em vigor. Em sua redação original, o art. 16 da Constituição preconizava que "a lei que alterar o processo eleitoral só entrará em vigor um ano após sua promulgação." No entanto, tal redação não perdurou por muito tempo.

A atual conformação constitucional do art. 16 foi estabelecida em 1993, menos de cinco anos após a promulgação da Constituição de 1988, pela Emenda Constitucional n. 4, de 14 de setembro de 1993.

Inicialmente, a proposta de emenda constitucional sugeria que a redação do dispositivo passasse a estabelecer que "a lei não poderá alterar o processo eleitoral no ano de realização de eleição", justificando-se a alteração na alegação de que "uma lei para se aplicar a uma eleição precisa ser, na prática, publicada mais de dois anos antes do pleito." (BRASIL, 1993).

A proposta exemplificava tal circunstância na lei editada para a realização das eleições municipais de 3 de outubro de 1992 que, publicada em 25 de julho de 1991, somente entrou em vigor em 25 de julho de 1992, o que inviabilizou sua aplicação a diversas fases do processo eleitoral que antecediam tal data (o alistamento eleitoral e a transferência de domicílio, a realização de convenções e o registro de candidatura, por exemplo).

E, de fato, a redação original do art. 16 da Constituição de 1988 contemplava interpretação que possibilitava que uma alteração legislativa pudesse não ser aplicada de forma alguma ao processo eleitoral vindouro, que pudesse ser integralmente aplicada, ou mesmo que pudesse ser aplicada em fatias, tudo a depender da conjugação entre o prazo de um ano da data da promulgação do texto legal e as diversas fases do processo eleitoral estabelecidas no calendário eleitoral, que se realizam ao longo de todo o ano eleitoral.

Logo, embora em sua redação original do art. 16 da Constituição de 1988 fosse bastante simples, a aplicação do enunciado gerava certa complicação, pois não se considerava que as fases do processo eleitoral se estendem por longo período temporal. De tal sorte, compreendeu-se que a fixação do contingencialmente temporal da nova legislação, tendo apenas como base a data da promulgação da alteração legislativa, não havia se revelado a melhor solução para o fim objetivado pelo legislador constituinte.

Assim, com a emenda constitucional, pretendia-se a adoção de um critério mais racional no âmbito da aplicação do art. 16 da Constituição de 1988, o que seria alcançado evitando-se as modificações da legislação eleitoral apenas no ano em que se realizassem as eleições. Ou seja, a partir de 1° de janeiro do ano eleitoral, a ação do legislador estaria interditada. Tal alteração do texto constitucional, na visão do constituinte derivado reformador, eliminaria os mencionados inconvenientes, sem, todavia, esvaziar o núcleo essencial da proteção aos processos eleitorais contra alterações legislativas, estabelecida pelo constituinte originário.

No entanto, a redação inicialmente proposta na emenda acabou sendo modificada ao longo do processo legislativo, aprovando-se a Emenda Constitucional n. 4, de 14 de setembro de 1993, com redação segundo a qual "a lei que alterar o processo eleitoral entrará em vigor na data de sua publicação, não se aplicando à eleição que ocorra até um ano da data de sua vigência." (BRASIL, 1993).

A redação aprovada, e que constitui o atual texto do dispositivo, de certo modo acabou por atender à premissa que orientou a proposta inicial da emenda, já que permitiu que alterações legislativas em vigor em até um ano antes da eleição a ela se aplicassem integralmente. Dessa forma, pelo critério definido na atual redação do art. 16 da Constituição, a legislação modificadora do processo eleitoral ou se aplica inteiramente, em bloco, ou não se aplica de forma alguma ao processo eleitoral, evitando-se a dispersão de seus efeitos em múltiplas possibilidades de incidência, à conta do período temporal em que se encetam as diversas fases do processo eleitoral, tal como poderia ocorrer na redação originária do princípio da anualidade.

Como observa André Rufino do Vale (2011, p. 77-78) na redação original do art. 16, da Constituição de 1988,

> Atingia-se [...] a própria vigência da lei eleitoral, em qualquer tempo que fosse publicada. A vacatio legis de um ano acabou criando dificuldades para a devida regulamentação dos processos eleitorais, na medida em que impedia a vigência imediata da legislação editada mesmo em períodos não eleitorais.
>
> [...]
>
> A Emenda Constitucional nº 4, de 1993 (DOU, 15.9.1993), alterou a redação do art. 16, o qual passou a estabelecer que "a lei que alterar o processo eleitoral entrará em vigor na data de sua publicação, não se aplicando à eleição que ocorra até um ano da data de sua vigência". O aperfeiçoamento técnico-redacional teve o propósito de conferir plena vigência à lei, eleitoral, condicionando apenas a sua eficácia jurídica (aplicabilidade) em relação às eleições que se realizarem até um ano após a sua publicação (início da vigência). A correção técnica foi salutar, na medida em que permitiu realizar, de forma mais adequada, a intenção do constituinte de impedir mudanças abruptas na legislação no transcurso do ano eleitoral.

É interessante observar que todas as constituições brasileiras desde 1934 previram o Poder Legislativo da União como o órgão responsável por exercer a função de fonte primária das normas de direito eleitoral, inclusive quanto ao processo eleitoral.

Não obstante, conquanto a Constituição de 1988 tenha adotado a mesma diretriz, foi ela absolutamente genuína no que toca ao princípio da anualidade eleitoral, não se encontrando disposição similar em qualquer outra constituição brasileira.

Assim, apenas a partir de 1988, o Brasil passou a contar com norma especial de contingenciamento temporal das normas que modificam o processo eleitoral. Até então, normas que modificassem o processo eleitoral, mesmo nas constituições pretéritas, obedeciam apenas ao conhecido princípio da irretroatividade das leis, norma de caráter geral que busca tutelar as relações jurídicas já consolidadas ao tempo da lei que lhe é cronologicamente posterior, protegendo o direito adquirido, o ato jurídico perfeito e a coisa julgada contra a ação do legislador.

De acordo com José Jairo Gomes (2013), a atual redação do art. 16 da Constituição de 1988 contém, em sua primeira parte, uma disposição específica de direito intertemporal, adotando uma fórmula aparentemente incomum para proteger situações jurídicas em face de modificações legislativas. Isso porque o preceito define, desde logo, que a lei que alterar o processo eleitoral não possuirá *vacatio legis* alguma, e sim vigência imediata, na data da sua publicação.

Por outro lado, "apesar de vigente, tal lei não goza de eficácia plena e imediata, pois não se aplica à eleição que ocorra até um ano da data de sua entrada em vigor." (GOMES, J., 2013, p. 236)

A fórmula difere de outras normas de direito intertemporal que, ao fixarem lapsos temporais objetivando agir sobre a incidência da norma jurídica, atuam sobre a vigência das leis. É assim, por exemplo, no art. 150, III, "a" da própria Constituição de 1988:

> Art. 150. Sem prejuízo de outras garantias asseguradas ao contribuinte, é vedado à União, aos Estados, ao Distrito Federal e aos Municípios: (...)
> III - cobrar tributos:
> a) em relação a fatos geradores ocorridos antes do início da vigência da lei que os houver instituído ou aumentado.

Também a Lei de Introdução às normas do Direito Brasileiro (Decreto-Lei n. 4.657/42) estatui que salvo disposição contrária, a lei começa a vigorar em todo o país quarenta e cinco dias depois de oficialmente publicada (art. 1). Age-se, portanto, sobre o início da vigência da lei como forma de garantir contingenciamento temporal sobre a eficácia concreta da lei.

Já a Lei Complementar n. 95, de 26 de fevereiro de 1998a, que "dispõe sobre a elaboração, a redação, a alteração e a consolidação das leis, conforme determina o parágrafo único do art. 59 da Constituição Federal", teve a preocupação de estabelecer que a cláusula "entra em vigor na data de sua publicação" deve ser reservada para as leis de pequena repercussão (art. 8). Tal critério está assentado na premissa de que a fixação de um período razoável de vacância é necessária para garantir aos destinatários da nova norma a possibilidade de adequação e programação de suas situações individuais a um novo panorama normativo, que se lhes imporá. É o que se infere do dispositivo:

> Art. 8 A vigência da lei será indicada de forma expressa e de modo a contemplar prazo razoável para que dela se tenha amplo conhecimento, reservada a cláusula "entra em vigor na data de sua publicação" para as leis de pequena repercussão.

O estabelecimento de um período de vacância, portanto, certamente figura como um componente frequentemente utilizado pelo ordenamento para mediar a permanência e a mudança do direito, propiciando tal alternância de forma menos surpreendente para os destinatários da norma. É compreensível, assim, que o mesmo artifício tenha sido utilizado pelo constituinte originário da redação do art. 16, embora já abandonado pelas razões anteriormente já expostas.

Na sua atual dimensão, portanto, o princípio da anualidade eleitoral não impede a instauração do processo legislativo e, tampouco, a edição da lei ou sua entrada em vigor, agindo estritamente sobre o plano da eficácia, de forma a diferir no tempo o início da aplicação da legislação inovadora do processo eleitoral. Dessa forma, suprime da lei, momentaneamente, uma das suas feições mais marcantes, que é a capacidade de inovar a ordem jurídica.

O princípio da anualidade eleitoral, assim, age contra a mudança do processo eleitoral, quando efetuada dentro de lapso menor do que um ano da eleição.

4.1.2 A histórica intermitência da legislação eleitoral no Brasil e sua influência no desenho do princípio da anualidade

Para que se compreenda adequadamente o princípio da anualidade, a razão de sua existência e a forma como foi ele redigido no texto constitucional, é imprescindível um retorno às práticas legislativas que, durante muito tempo, prevaleceram em âmbito nacional quando se tratava de legislar sobre direito eleitoral, notadamente sobre eleições.

Atualmente, grande parte dos procedimentos eleitorais se encontram consolidados em uma lei específica, a Lei n. 9.504/1997, que ficou conhecida como Lei das Eleições. A legislação em questão poderia ser qualificada como uma lei geral para reger eleições no Brasil, visando à outorga dos mandatos para o exercício os cargos previstos na Constituição.

E ela de fato o faz, estabelecendo procedimentos comuns para as eleições de Presidente e Vice-Presidente da República, Governador e Vice-Governador de Estado e do Distrito Federal, Prefeito e Vice-Prefeito, Senador, Deputado Federal, Deputado Estadual, Deputado Distrital e Vereador.

Considerando sua pretensão de figurar como uma lei geral disciplinadora de processos eleitorais, a Lei n. 9.504/1997 vem regendo eleições desde a sua edição, tendo sido aplicada às eleições de 1998, 2000, 2002, 2004, 2006, 2008, 2010, 2012 e 2014. E tudo leva a crer que se aplicará às eleições de 2016.

Trata-se de legislação que de certa forma estabilizou grande parte dos procedimentos afetos à realização das eleições, nela estando regulamentadas questões relacionadas às convenções partidárias para escolha de candidatos, registro de candidaturas, propaganda, arrecadação e gastos de campanha, dentre vários outros aspectos regulatórios do pleito eleitoral.

O longo período de vigência da Lei n. 9.504/1997 permitiu que as práticas realizadas sob sua égide se tornassem familiares aos contendores do processo eleitoral e a seus atores mais ou menos permanentes, notadamente partidos políticos, instâncias de controle, candidatos e mesmo eleitores. Tais práticas são hoje reconhecidas como parte integrante do cotidiano eleitoral da nação.

Não parece exagero dizer que a ação humana pretérita é sempre um referencial para o futuro (e inclusive para a vontade de mudança), de sorte que a estabilização da legislação, e por extensão das ações com base nela realizadas, permite o hábito da repetição, pela adoção do mesmo padrão de ação passado para situações prospectivas. Isso torna os procedimentos eleitorais mais previsíveis, conhecidos e mais facilmente aceitos, minorando a possibilidade de grandes reações ou questionamento contrários ao próprio conteúdo das disposições regulatórias do processo eleitoral.

É verdade que a Lei n. 9.504/1997 vem sofrendo diversas modificações desde a sua redação ordinária, tal como se fez em 2006, 2009, 2013, 2015[1], sendo algumas alterações pontuais, outras de maior monta. Não cabe, aqui, entrar amiúde no conteúdo dessas reformas legislativas. Nem se está a dizer que a legislação deve estar infensa a revisões, atualizações e constantes melhoramentos e aperfeiçoamentos, ou mesmo que as reformas da Lei n. 9.504/1997 não atenderiam a tal objetivo. Essa questão não é o objeto do que aqui se quer discutir.

O que parece de fato evidente é que a Lei n. 9.504/1997, cuja estrutura e linhas gerais não sofreram grandes desvirtuamentos desde a sua edição, atende a um propósito de permanência e estabilização dos procedimentos eleitorais

---

[1] As modificações decorreram as seguintes leis: Lei n. 11.300/2006, Lei n. 12.034/2009, Lei n. 12.891/2013, Lei n.13.165/2015.

e à formação de uma espécie de consenso normativo dessas normas procedimentais para a escolha de representantes, colocando-se claramente como contraponto a um ideal de fluidez e mudança das normas de regência do processo eleitoral a cada pleito.

Isso parece absolutamente claro quando se olha para o passado da regulamentação das eleições na história recente do Brasil.

Até a edição da Lei n. 9.504/1997, a praxe institucionalizada no cenário político e jurídico brasileiro era o da regulamentação legislativa específica para cada pleito eleitoral, editando-se, em curtos períodos que antecediam ao fim dos mandatos eletivos em exercício, toda uma nova sistemática normativa, que iria reger as eleições vindouras e outorgar os mandatos eletivos subsequentes.

Assim, a premissa que vigorava não era a da permanência e constância da legislação, mas a premissa da transitoriedade e da mudança, editando-se lei reguladora do processo eleitoral com um objetivo temporal claramente delimitado: estabelecer a normatização da eleição da ocasião, deixando-se para o futuro o que ao futuro pertencia.

Logo, a cada legislatura eram gestadas novas normas para tratar das próximas eleições, o que, antes do princípio da anualidade eleitoral, não raro ocorria já no último ano do exercício do mandato dos legisladores federais. Portanto, no próprio ano em que se realizavam as eleições. Nem sempre as leis novas traziam efetivas novidades, mas a prática servia como um trunfo daquelas maiorias que dominavam o Poder Legislativo, que sempre poderiam se valer do mecanismo regulatório quando lhes aprouvesse, tudo de acordo com as contingências que se apresentassem, caso se revelassem desfavoráveis a determinados interesses.

Noutras palavras, a praxe recorrente era a de que os legisladores de hoje, eleitos com base em uma determinada regulação, definiriam os procedimentos para a seleção dos legisladores e administradores de amanhã, em um novo marco regulatório, estando sempre aberta a possibilidade de que eles próprios concorressem nos certames subsequentes, visando a renovação de seus mandatos ou a conquista de novos cargos eletivos, tudo de acordo com as normas e procedimentos definidos por eles próprios.

É verdade que isso ainda pode ocorrer na atualidade. Embora pareça um retrocesso, a Lei n. 9.504/1997 pode ser revogada, passando-se a adotar novamente a sistemática de edição de leis específicas para reger cada período eleitoral. Nada há na Constituição de 1988 que imponha expressamente a adoção de uma lei permanente de regulação das eleições, em lugar da adoção de sucessivas leis com eficácia temporal delimitadas a pleitos eleitorais específicos.

No entanto, parece claro ter havido uma mudança do paradigma regulatório do processo eleitoral, prevalecendo, hoje, a opção política de estabilidade regulatória, o que se fez pela adoção do princípio da anualidade eleitoral e, no plano infraconstitucional, por meio de uma lei geral para reger todas as eleições, com pretensão de permanência e duração.

Antes da Lei n. 9.504/1997, finalizado o processo eleitoral, e empossados os eleitos, a única certeza que restava era a incerteza de como seria regulado o próximo processo eleitoral, ficando tudo a depender de como os interesses do momento, bem como as forças políticas presentes no parlamento, iriam interagir, o que se afigurava muito pouco previsível.

Tal prática, não obstante, merecia severas críticas, conforme se colhe do magistério de Fávila Ribeiro, em obra contemporânea ao período que antecedeu a edição da Lei n. 9.504/1997:

> Inexplicável fosse estabelecida a rotina de legislar para cada eleição, transmitindo a falsa impressão de necessidade, quando a cristalização desse pensar afigurava-se nocivo, por entronizar o caráter flutuante na legalidade eleitoral, expondo-se a armações casuísticas, com regras de temporária validade.
>
> Ao invés de leis esparsas deveria persistir o sentido de integração do sistema codificado, com os corretivos e adições que o tempo fosse aconselhando, cumprindo-se, com a segurança de objetividade, prudente e compatível trabalho de modernização.
>
> É defensável a atualização periódica do Código Eleitoral e de leis que permaneçam dispersas, sempre que as necessidades sociais aconselharem, nunca, porém, devendo ser perdida a visão do conjunto, substituída por produções fragmentárias e desconectadas do sistema a que substancial e teleologicamente se deve conjugar.
>
> A falta de percepção da afinidade material determinou a sucessão de leis com eficácia exclusiva a determinado período eleitoral. E por esse motivo surgiu o deslanche com leis destinadas especificamente ao pleito a desferir-se. (RIBEIRO, 1990, p. 95)

O quadro a seguir, elaborado com base em todas as eleições que se realizaram nos 20 anos anteriores à edição da Lei n. 9.504/1997, ilustra a sistemática de adoção de legislações específicas de regência para cada pleito eleitoral:

Quadro 1 – Leis de regência de eleições: 1978 a 1996.

ANO DAS ELEIÇÕES	ABRANGÊNCIA	LEGISLAÇÃO DE REGÊNCIA DA ELEIÇÃO	DATA DO PLEITO
1978	Gerais	Lei n. 6.534, de 26 de maio de 1978	15 de novembro de 1978
1982	Gerais e Municipais	Lei n. 6.978, de 19 de janeiro de 1982	15 de novembro de 1982
1985	Municipais	Lei n. 7.332, de 1 de julho de 1985	15 de novembro de 1985
1986	Gerais	Lei n. 7.493, de 17 de junho de 1986	15 de novembro de 1986
1988	Municipais	Lei n. 7.664, de 29 de junho de 1988	15 de novembro de 1988
1989	Presidenciais	Lei n. 7.773, de 8 de junho de 1989	15 de novembro de 1989
1991	Municipais	Lei n. 8.214, de 24 de junho de 1991	03 de outubro de 1992
1994	Gerais	Lei n. 8.713, de 30 de setembro de 1993	03 de outubro de 1994
1996	Municipais	Lei n. 9.100, de 29 de setembro de 1995	03 de outubro de 1996

Fonte: Elaborado pelo autor, 2016.

O quadro acima demonstra a recorrência de duas questões que influenciaram sobremaneira a criação do princípio da anualidade eleitoral na Constituição de 1988. A primeira, já antecipada, consistia na frequente renovação da legislação eleitoral a cada eleição, prática que perdurou por algum tempo mesmo após a vigência da atual constituição. A segunda, consistia no fato de que, não bastasse a prática de se legislar para cada eleição, isso se dava faltando poucos meses para a data designada para as eleições, o que introduzia mais um componente de instabilidade para os processos eleitorais.

Com efeito, as eleições de 1978, 1982, 1985, 1986, 1988 e mesmo a eleição de 1989 (para a qual o art. 5, § 1, do Ato das Disposições Constitucionais Transitórias excepcionou a aplicação do princípio da anualidade eleitoral), tiveram suas leis reguladoras editadas poucos meses antes da data designada para as votações, o que acentuava ainda mais a incerteza dos processos eleitorais.

Era comum grande alternância legislativa e legislação de última hora. Os dois fatores, conjugados, certamente concorreram como ideal para criação do princípio da anualidade eleitoral. Talvez se a edição de nova legislação de processo eleitoral a cada pleito não fosse uma prática cíclica no âmbito do Congresso Nacional (e já àquele tempo existisse uma norma que cumprisse o papel atual da Lei n. 9.504/1997), as condições não seriam tão oportunas para a inserção do art. 16 na Constituição de 1988. Afinal, a estabilização da normatização já seria maior com a vigência de um verdadeiro estatuto para regular todas as eleições, marcadamente mais perene.

De todo modo, esse não era o paradigma da época. Durante os trabalhos da constituinte, as discussões em torno do princípio da anualidade eleitoral adotavam como premissa a certeza da renovação constante da legislação eleitoral, o que difere sobremaneira do paradigma atual, pós Lei n. 9.504/1997.

A premissa que orientou as discussões, portanto, girava mais em torno de se garantir maior antecedência para a edição das leis reguladoras de eleições, e menos em torno de se estabilizar procedimentos por meio de um estatuto permanente.

No anteprojeto de Constituição elaborado pela Comissão Provisória de Estudos Constitucionais, instituída em 1985 pelo Presidente José Sarney, foi proposta como solução para a questão a vedação à aprovação de leis que tratassem de eleições, ou de partidos políticos, no último ano da legislatura: "art. 191 – No último ano da legislatura, é vedado aprovar ou sancionar projetos de lei complementar ou ordinária que versem sobre eleições ou sobre partidos políticos."

A proposta de redação não especificava se a expressão legislatura se referia apenas à legislatura do Congresso Nacional, que coincide com a das Assembleias dos Estados, ou se abrangia também às legislaturas das Câmaras Municipais. Caso abrangesse, nos anos de eleição municipais não poderiam ser editadas leis dirigidas ao processo eleitoral municipal. Caso se tratasse apenas da legislatura federal, a fórmula de certa forma garantiria maior antecedência da normatização para as eleições gerais, mas não livraria as eleições municipais do hábito de edição temporã de leis de processo eleitoral, de sorte que, para a escolha de prefeitos e vereadores, poderia persistir a incerteza da regulação dos pleitos eleitorais.

Diferentemente do que acabou por prevalecer na Constituição de 1988, o dispositivo do anteprojeto vedava "aprovar" ou "sancionar" projetos de lei, o que significava interdição que recaía sobre o próprio processo legislativo, que não poderia ser ultimado ao fim da legislatura.

É interessante observar que o anteprojeto de Constituição, também chamado de anteprojeto Afonso Arinos, embora não tenha sido formalmente enviado ao Congresso Nacional, foi objeto de ampla consulta, tendo seu texto incorporado ou servido de inspiração para diversas propostas de constituintes.

E, embora a redação do art. 191 do anteprojeto não tenha sido aproveitada, a ideia subjacente ao dispositivo era a mesma que serviu de inspiração para o princípio da anualidade eleitoral tal como ele foi formatado pelo legislador constituinte.

Durante os debates havidos na constituinte, as discussões em torno do princípio da anualidade não eram no sentido de se impedir ou limitar o processo legislativo, mas sim no sentido da fixação de prazo mínimo necessário para que a legislação de processo eleitoral passasse a ter vigência, alternando-se as propostas entre a inexistência de qualquer limitação, de prazos de 6 meses, ou de 1 ano, prevalecendo, como já exposto, esse último.

É interesse notar, no entanto, que a ideia de fluidez e mudança das normas de regência do processo eleitoral, em contraposição ao ideal de permanência e estabilização, encontrava defensores entre os constituintes, valendo citar, nesse sentido, a fala do constituinte Prisco Viana perante a Comissão de Sistematização. Embora tenha votado pela limitação de 6 meses em lugar da limitação de 1 ano, o referido constituinte se declarou francamente contrário à existência de qualquer limitação temporal para a regulação do processo eleitoral:

> O SR. CONSTITUINTE PRISCO VIANA: – Sr. Presidente, acabamos de aprovar que lei complementar estabelecerá outros casos de inelegibilidade. Ora, apesar da ressalva feita pelo ilustre Relator, provocado que foi pelo nobre Constituinte Antônio Britto, de que essas regras não se aplicarão às eleições deste ano, ainda assim, com a minha experiência, embora pequena, em processos de eleições na vida partidária, fizemos algumas ponderações no sentido de que não se adote esta norma. A legislação eleitoral, conquanto não deva estar submetida aos casuísmos, em função mesmo da própria realidade nacional, que não é uma realidade de estabilidade política, deve mirar o que caracteriza o nosso processo político, que é exatamente a instabilidade. Às vezes, surgem fatos não previstos na Constituição, não previstos na legislação, que precisam ser acudidos, precisam ser reparados para a melhor mecânica do processo eleitoral.

> Não recomendaria adotar-se processo tão extenso de 12 meses para que a legislação eleitoral entre em vigor. Não se deveria a rigor estabelecer prazo algum, mas o Relator, colocando aqui 6 meses, acredito que estabeleceu o prazo adequado, que é o que coincide exatamente com o início do processo eleitoral. Ir além é criar dificuldades, é criar condições para que amanhã se tenha que alterar a Constituição a fim de atender à forte realidade do processo político-eleitoral. Por essas razões, manifesto-me contrário à emenda, sustentando a manutenção do texto do anteprojeto, que estabelece o prazo mínimo de vigência da legislação eleitoral de 6 meses antes do pleito. (BRASIL, 1987)

É esse o contexto que permite concluir que a grande inovação representada pelo princípio da anualidade eleitoral se deve ao reconhecimento de que um quadro normativo estável se apresenta como uma necessidade para processos eleitorais seguros, legítimos e democráticos.

O advento da Lei n. 9.504/1997 parece mais um passo na consolidação dessa percepção, embora também não se possa nutrir uma visão romantizada a ponto de acreditar que ela própria não esteja imune a pretensões modificativas de ocasião, às vésperas do início do processo eleitoral.

Sem embargo, outras legislações que se conectam com o processo eleitoral também podem sofrer o influxo de revisões repentinas, sendo exemplo claro disso, a edição da LC n. 135/2010, conhecida como Lei da Ficha Limpa, e sobre a qual falaremos mais adiante.

Logo, o risco da alternância legislativa e da legislação de última hora, e que motivou o inovador princípio da anualidade eleitoral, está sempre presente, a justificar a observância diuturna do art. 16 da Constituição na normatização aplicável ao processo eleitoral.

4.1.3 O princípio da anualidade eleitoral como especial manifestação da igualdade e segurança nos processos eleitorais

Diante de todo um passado de mudanças constantes e repentinas da legislação eleitoral, não parece surpresa que a doutrina pátria seja praticamente unanime em apontar a edição de "leis casuísticas" como a principal razão histórica motivadora da inserção do princípio da anualidade eleitoral no texto da Constituição de 1988.

No entanto, a alternância regulatória não constitui, por si só, um problema ou uma anomalia que mereça ser combatida e evitada indistintamente.

A muitas áreas do direito, a dinâmica normativa serve a uma lógica distinta, sendo a flexibilidade, a fluidez, a temporariedade, a mutabilidade, a transitoriedade da normatização gêneros de grande necessidade.

A lógica do direito penal não é a lógica do direito empresarial e das relações econômicas, que a seu turno diferem da normatização que tipicamente regula o direito ambiental. Dentro de um mesmo ramo do direito podem habitar lógicas distintas. No direito civil, a lógica dos contratos, sujeita ao influxo da vontade dos indivíduos na conformação da norma jurídica, difere sobremaneira da lógica dos direitos reais, sujeitos ao rigor da tipicidade legislativa.

No âmbito das atividades econômicas, existem hoje campos em que se reconhece a necessidade de uma normatização altamente técnica e especializada, capaz de regular com alto grau de eficiência e rapidez as dinâmicas dos mercados, tornando imprescindível a adoção de formas especiais de normatização, fora do circuito típico da legalidade parlamentar.

Telecomunicações, energia, aviação e petróleo são alguns exemplos de mercados em relação aos quais o próprio legislador reconheceu a necessidade de adoção de critérios mais flexíveis de regulação, pela dinâmica das relações econômicas ou pela natureza eminentemente técnica do conteúdo a ser legislado, criando, assim, órgãos, conhecidos como agências reguladoras, especificamente incumbidos de promover a normatização de determinados setores. A criação e a modificação desse tipo de normatização, geralmente, adota procedimentos mais simples e menos formais de deliberação, se comparados ao rigor do processo legislativo.

Portanto, a constante modificação e alteração da regulação, para determinadas áreas do direito, não apenas não significa uma disfunção ou um problema, mas, pelo contrário, se afigura como uma característica altamente desejável e necessária, como critério mesmo de efetividade social da normatização, que é colocada em risco quando as normas reguladoras se distanciam, a ponto de se descolarem, da realidade que se pretende regular.

Por outro lado, mesmo no âmbito do texto da Constituição é possível se verificar que a determinadas matérias o legislador constituinte teve o cuidado de estabelecer maior rigor para deliberação legislativa, exigindo o trato não apenas e exclusivamente por meio de lei, como por meio de lei complementar, cujo processo legislativo se mostra mais rígido, exigindo-se quórum especial.

Portanto, não é possível concluir aprioristicamente que toda regulação jurídica, independentemente da matéria regulada, deve primar, sempre, pela rigidez, adotando e mantendo um marco regulatório estável, pouco mutável, e de difícil revisão ou modificação.

Em verdade, a atividade do legislador, e por consequência a legislação, principal produto de tal atividade, está sujeita na sua gênese à influência em maior ou menor escala de certos princípios e valores reputados relevantes pelas autoridades legislativas, com base em critérios muitas vezes difíceis ou impossíveis de serem determinados integralmente. Tais influências não são só de ordem jurídica, mas também provenientes de outros sistemas, tal como a moral, e podem variar de caso a caso.

No entanto, alguns princípios e valores estruturantes, e que podem ser extraídos implícita ou explicitamente da ordem jurídica, notadamente da Constituição, informam certos campos do direito, ou a todos eles, com maior ou menor intensidade.

Não é diferente no âmbito do direito eleitoral e da regulação do processo eleitoral. Tal como qualquer outro ramo do direito, existem princípios e valores que lhe informam e conformam. Alguns deles, de ordem especial, outros, comuns a toda ordem jurídica, mas que se manifestam de forma ou com intensidade peculiar a esse específico ramo do direito.

No que toca ao direito eleitoral, e mais especificamente quanto ao processo eleitoral, é de certa forma um consenso doutrinário que o princípio da anualidade eleitoral busca criar um quadro estabilizador do processo eleitoral, tendo como fundamento motivador a garantia da igualdade e da segurança jurídica.

A inserção do art. 16 na Constituição de 1988, pelos legisladores constituintes, estaria justificada diante da percepção de que a alternância e fluidez da legislação não deve ser a lógica da normatização dos procedimentos eleitorais.

O princípio da anualidade, sob esse enfoque, adota fórmula para garantir estabilidade das regras do jogo eleitoral, que não devem ser alteradas de última hora, sob pena de comprometimento da normalidade e legitimidade das eleições.

Valendo-se da expressão de Fávila Ribeiro, esse contingenciamento temporal imposto à legalidade eleitoral se justifica porque:

> O tempo tem marcante influência na dinâmica eleitoral, impondo-se redobradas cautelas a que não seja aproveitado para desvirtuamentos, fomentando situações alvissareiras para uns e, prejudiciais a outros.
>
> As instituições representativas não podem ficar expostas a flutuações nos seus disciplinamentos, dentre os quais sobrelevam os eleitorais, a

> que não fiquem ao sabor do dirigismo normativo das forças dominantes de cada período, alterando-se as leis sem qualquer resguardo ético, aos impulsos de eventuais conveniências, em círculo vicioso, para impedir que as minorias de hoje tenham legítima ascensão ao poder pelo genuíno consentimento do corpo de votantes. (1990, p. 93)

Embora a legislação eleitoral não esteja imune a alterações, e essas alterações estejam sujeitas, mesmo em seu conteúdo material, ao *judicial review*, o princípio da anualidade eleitoral estabelece um regime objetivo de proteção à normalidade e legitimidade do processo eleitoral:

> A própria natureza da atividade eleitoral, pelos renovados e agressivos conflitos de interesses que suscita, fica exposta a solertes conjuras de fraude, subornos e constrangimentos, tornando indispensável seja submetida a reajustamento periódicos para eliminar ou, pelo menos, reduzir a sua vulnerabilidade. Todavia, uma coisa é reconhecer a necessidade de reformas, outra é ter a precisa noção do tempo inapropriado para empreendê-las, evitando a fase em que já estejam iniciados os entrechoques e personificados os figurantes com as suas siglas partidárias e mesmo com coligações já definidas, ainda que não formalizadas pelas respectivas convenções. (RIBEIRO, 1990, p. 94)

Parecida é a visão de José Jairo Gomes, segundo o qual a restrição estabelecida pelo art. 16 da Constituição de 1988 "tem em vista impedir mudanças casuísticas na legislação eleitoral que possam surpreender os participantes do certame que se avizinha, beneficiando ou prejudicando candidatos." (GOMES, J., 2013, p. 236).

O autor enxerga em tal intuito "propiciar estabilidade e segurança jurídica acerca das normas a serem observadas". (GOMES, J., 2013, p. 236).

A seu turno, José Carlos Pimenta destaca no art. 16 da Constituição um "propósito moralizador [...] no intuito de evitar os casuísmos das vésperas eleitorais" (PIMENTA, 2002, p. 116)

A tais lições converge o entendimento de Dantas (2004) que, ao discorrer sobre o princípio da anualidade eleitoral, destaca que "o seu fundamento político radica na função de garantia de manutenção das regras eleitorais frente a possível intervenção arbitrária", impedindo modificações nas legislações que possam gerar algum tipo de desequilíbrio de oportunidades entre os candidatos, tratando-se, portanto, de proteção conferida ao processo eleitoral "contra a prática de normatização casuisticamente dirigida, com o intuito de beneficiar partido, coligação, ou candidato." Na visão do autor, "através do citado princípio, é que se promove a verdadeira segurança das regras as eleições".

(DANTAS, 2004, p. 217/218) Também Bernardo Gonçalves Fernandes destaca que "o art. 16 da CR/88, traz uma importante normativa, que visa a desenvolver o princípio da segurança jurídica, bem como a instabilidade das instituições, em nosso Estado Democrático do Direito." (FERNANDES, 2013, p. 684)

Citando também a prática de edições de leis casuísticas, de acordo com o autor, "o que temos é a impossibilidade (não raro casuística!) de modificação nas regras eleitorais no iter do processo eleitoral, ou seja, seria por analogia como que a obstaculização para mudar as regras do jogo (eleitoral) no meio do jogo (eleitoral)." (FERNANDES, 2013, p. 684)

A jurisprudência do Supremo Tribunal Federal adota a mesma compreensão, vendo na isonomia e na segurança jurídica os fundamentos do art. 16 da Constituição de 1988.

É o que se infere, por exemplo, da concepção adotada pelo ministro Sepúlveda Pertence por ocasião do julgamento da Ação Direta de Inconstitucionalidade n. 354. Segundo o julgador, a proteção da normalidade e legitimidade do processo eleitoral levada a efeito pelo princípio da anualidade eleitoral tem por aspiração tutelar a segurança jurídica e a isonomia:

> O reclamo de normas gerais e abstratas sobre os processos estatais, particularmente o processo eleitoral - abstração e generalidades a que bastariam a reserva de lei nestas matérias - perde, na verdade, o seu sentido, se a essa generalidade, se a essa abstração da lei, não se somar a exigência de sua anterioridade ao fenômeno que cuidam de regular: anterioridade que é essencial à aspiração de segurança jurídica e de isonomia, que estão subjacentes à idéia qualificada de processo, como do devido processo legal. Não basta, assim, que o jogo tenha regras, é preciso que essas regras sejam prévias à apresentação dos contendores e ao desenvolvimento da disputa e, portanto, imutáveis, até a sua decisão.[2]

De acordo com o ministro Sepúlveda Pertence, sob o enfoque da segurança jurídica, a anualidade atua de modo "a evitar a incerteza, a segurança dos pleitos eleitorais", razão pela qual "pelo menos uma meta, uma inspiração a de ter: a de que a "regra do jogo" seja uniforme e definitiva a cada período eleitoral". (BRASIL, 2001)

Para o ministro Celso de Mello, a segurança jurídica do processo eleitoral, assegurada pelo princípio da anualidade, se estende para além da esfera específica dos contendores nas eleições. Ela se projeta "para assegurar, em favor

---

[2] BRASIL, 1990.

dos cidadãos eleitores, a certeza da estabilidade das regras do jogo eleitoral". (BRASIL, 2006a)

Ou seja, o princípio da anualidade objetivaria "dar sentido e efetividade a um valor essencial, fundado a segurança jurídica, e que visa, no plano das eleições, a preservar a confiança que deve sempre prevalecer na esfera das relações entre os indivíduos e o Estado". Tal propósito seria atingido com a vedação à "mudança abrupta da disciplina normativa do processo eleitoral".

> Isso significa, considerado o princípio da anterioridade inscrito no art. 16 da Constituição, que essa cláusula constitucional encerra, em favor de qualquer cidadão, o direito de ver observada, pelas instituições do Estado, a garantia do devido processo eleitoral, pois, nesse domínio, há de prevalecer, quer em face da normalidade dos pleitos eleitorais, quer em razão da legitimidade dos resultados deles advindos, a exigência de estabilidade normativa decorrente do respeito estatal ao postulado da não surpresa. (BRASIL, 2011)

O princípio da anualidade eleitoral, sob tal ótica, é garantidor, mediante especial manifestação do princípio da segurança jurídica, na normalidade do processo eleitoral, evitando "a surpresa da interferência na correlação de forças políticas, no equilíbrio das posições de partidos e candidatos, nos elementos da disputa e de competição". (BRASIL, 2001)

Vale dizer, por meio do princípio da anualidade eleitoral, se garante "o equilíbrio da competitividade, a estabilidade do processo, a previsibilidade do processo no seu conjunto", "para não quebrar a segurança jurídica". (BRASIL, 2011)

4.1.3.1 O art. 16 da Constituição como redutor de instabilidade: mediação entre a permanência e a mudança

Compreender e definir adequadamente o princípio da anualidade eleitoral pressupõe entendê-lo como mecanismo redutor de instabilidade do sistema normativo que regula o processo eleitoral.

De acordo com Eros Grau, um dos fundamentos da racionalidade do direito é a circunstância de ele oportunizar "a instalação de um horizonte de previsibilidade e calculabilidade em relação aos comportamentos humanos". A isso se chama "segurança". (GRAU, 2013, p. 13)

Na concepção do autor, "trocamos nossa insegurança pela submissão ao poder", vale dizer, "aceitamos o poder por conta de garantias mínimas de segurança por ele bem ou mal asseguradas." (GRAU, 2013, p. 13)

Sob o aspecto do direito eleitoral, justamente por poder contar com alguma estabilidade, segurança e objetividade na dinâmica normativa eleitoral, por nela enxergar certa previsibilidade, é que os indivíduos ou grupos de indivíduos se sujeitam a processo eleitoral, ao invés de abrirem mão das regras do jogo para adotarem meios não institucionalizados, ou mesmo violentos, para a conquista do poder.

A segurança do processo eleitoral induz, assim, aceitabilidade das regras do jogo, o que é um critério de maior relevância, na medida em que garante legitimidade ao resultado das eleições, perante vitoriosos e derrotados. Os vitoriosos, eleitos, desempenharão suas funções administrativas e legislativas dotados de legitimidade, amparados no reconhecimento da regularidade do procedimento. Sob a ótica dos derrotados, o reconhecimento de que o jogo se desempenhou regularmente, segundo o procedimento conhecido, aceito, e previamente definido, é gerador de certa resignação com o resultado desfavorável, e também de estabilidade, pois a não aceitação da derrota levaria a um cenário de luta sem fim.

Dessa lógica decorre a importância da estabilização do quadro normativo do processo eleitoral. Quanto à permanência das regulações, cumpre observar que aquilo que subsiste por mais tempo gera para o indivíduo um estado de maior confiança e segurança, protegendo planejamentos e expectativas, traçados à base daquela legislação, já conhecida e testada. O indivíduo se programa, e programa as suas ações, e prevê ou calcula as ações alheias de acordo com o direito já por algum tempo vigente. A persistência da regulação, sob tal ótica, por oportunizar maior previsibilidade, conformando ações humanas, é também potencialmente redutora de conflitos, permitindo assim mais estabilidade social, que é fator de segurança individual e coletiva. (TORRES, 2011)

Mudanças contínuas e inesperadas, ou inoportunas, são, ao contrário, geradoras de insegurança, não apenas por impedir previsibilidade e calculabilidade nas ações humanas, gerando cenário de incerteza, mas por serem frustradoras de expectativas, legitimamente nutridas segundo determinado regime jurídico vigente há considerável tempo. A intermitência excessiva acaba tornando, ela própria, a regulação, fator de instabilidade jurídica, ao invés de parâmetro para estabilidade jurídica, o que ocorre, notadamente, quando verse a legislação temas de grande repercussão política, econômica ou social, ou quando toque questões sensíveis sobre o ponto de vista moral.

O processo eleitoral se insere dentre esses temas sensíveis por envolver a própria dinâmica de escolha e legitimação daqueles que exercerão o poder político, traçando os rumos do Estado e promovendo decisões de ordem coletiva, e por ser o instrumento para o qual confluem, objetivando disputa pacífica, interesses antagônicos, opostos, concorrentes, conflituosos e nem sempre amistosos entre si.

A regulação do processo eleitoral não pode, nesse contexto, ser ela própria um ingrediente desestabilizador da já delicada e geralmente imprevisível correlação de forças políticas que se manifestam nos períodos eleitorais, tornando-se fundamento de disputa e desavença, ao invés de elemento de consenso pela convergência ao procedimento por ela estabelecido.

Noutros termos, a anualidade eleitoral potencializa e qualifica a segurança jurídica sob uma forma especial, garantindo que o processo eleitoral seja uma condição habilitadora da legitimação do exercício do poder político, e evitando o que poderia parecer uma contradição: deslegitimação do processo eleitoral pelo seu procedimento. Ou melhor, pela desarticulação de suas regras e procedimentos, resultantes de modificações legislativas a destempo.

É verdade que os reclamos de segurança jurídica não podem ou devem significar imobilismo e rigidez absoluta, quer porque isso impediria avanços ou mesmo atualização da legislação, possibilitando que a mesma entrasse em estado de ausência de efetividade social, absolutamente desconecta com a realidade que ela pretenda regular, quer porque tal circunstância poderia significar um estado permanente de injustiça, já que não há garantia de que legislação velha é boa e, tampouco, que nova é ruim (e vice-versa).

Por outro lado, "mudanças e transformações acrescem complexidade material e temporal, com instabilidade no sistema" (TORRES, 2011, p. 252), o que torna sempre difícil a decisão entre manter ou alterar os textos normativos, ou quando alterá-los.

O princípio da anualidade eleitoral ao menos oferece um dos elementos necessários para a resposta para essa difícil equação. Não determina ou impede a modificação da legislação, não diz ou informa se ela é necessária, ou em que extensão e medida deve ser feita, se tiver que ser feita. Mas ele pelo menos diz quando não o fazer, se for fazê-lo. A rigor, nem isso, já que não se proíbe a modificação, mas apenas sua aplicação, se iniciada a sua vigência inoportunamente.

Assim, a segurança jurídica, estabelecida pela anualidade eleitoral, atua na mediação entre a estabilidade e a mutabilidade, inserindo-se como um redutor de instabilidade do sistema normativo que regula o processo eleitoral, quando esse for alterado.

Essa característica do princípio da anualidade eleitoral parece indicar que a segurança jurídica, ao lado da igualdade, é um princípio ou valor que informa e justifica o preceito do art. 16 da Constituição de 1988, com igual força e importância.

O princípio da anualidade eleitoral, como manifestação da segurança jurídica, garante a higidez do processo eleitoral, estabilizando o quadro normativo que o regula para oferecer previsibilidade ao eleitor, aos candidatos e aos partidos políticos, a fim de que os mesmos possam se orientar e exercer plenamente seus direitos políticos.

A anualidade eleitoral, também como manifestação da segurança jurídica, permite previsibilidade e calculabilidade das modificações do processo eleitoral, permitindo-se que as forças políticas se reacomodem frente a uma nova perspectiva, pois "garante que se possa, em larga medida, antecipar alternativas interpretativas e efeitos normativos de normas jurídicas". (AVILA, 2015, p. 132)

A estabilidade não é imutabilidade, ou rigorosa fixidez, ressalte-se.

A anualidade eleitoral não é a busca do ideal da imutabilidade absoluta, devendo ser compreendida, sob o enfoque da segurança jurídica, como exigência de estabilidade na mudança, como garantidor de mudanças estáveis (AVILA, 2015).

Como ensina Humberto Ávila (2015), um avião pode ser estável mesmo se ele traça a mais rápida das rotas. A anualidade eleitoral garante a segurança do movimento, para que as modificações do processo eleitoral possam ser feitas sem colocar em risco a normalidade e a legitimidade das eleições.

Assim, e em suma: a anualidade eleitoral garante segurança, sob diversas perspectivas, permitindo, com isso, que as forças políticas se correlacionem e se desenvolvam naturalmente dentro do processo eleitoral, de forma evitar que a regulação do processo eleitoral seja, ela própria, um fator de desequilíbrio de oportunidades entre os candidatos.

O próprio ideal de igualdade, dessa forma, é tutelado pela segurança jurídica oferecida pela anualidade eleitoral,

> A garantia de que o pleito será regido por um conjunto preciso e delimitado de normas previamente conhecidas e consolidadas desde o início do ano eleitoral promove a isonomia de condições entre os diversos

> grupos políticos, os quais ficam todos igualmente submetidos ao mesmo conjunto de normas regulatórias da disputa eleitoral. (VALE, 2011, p. 79-80)

A igualdade e a segurança, dessa forma, valores encampados na Constituição de 1988 como princípios fundamentais, manifestam-se de forma especial no princípio da anualidade eleitoral, com o específico objetivo de tutelar o processo eleitoral, atendendo à exigência de normalidade e legitimidade das eleições, pressuposto essencial do regime democrático.

4.2 O princípio da anualidade como mecanismo de proteção objetiva contra a modificação do processo eleitoral

A identificação da igualdade como um dos elementos informativos do princípio da anualidade eleitoral coloca em evidência uma relevante questão, a respeito da interpretação do princípio da anualidade eleitoral, no âmbito de sua aplicação concreta.

Essa questão poderia ser assim sintetizada: a disposição do art. 16 da Constituição de 1988 exige, para sua aplicação, a mera alteração do processo eleitoral? Ou é requisito para aplicação do dispositivo o efetivo desequilíbrio do processo eleitoral, como resultante dessa alteração?

Noutros termos, o princípio da anualidade eleitoral busca evitar mudanças do processo eleitoral, independentemente de investigação ou demonstração concreta de violação à igualdade entre os candidatos e forças políticas?

A questão é controversa e já esteve sob análise do Supremo Tribunal Federal por diversas vezes, e desde quando, pela primeira vez, aquele tribunal enfrentou tema relacionado à anualidade eleitoral, na ADI 354.

Naquela oportunidade, essa exata questão foi posta pelo ministro Sydney Sanches, para quem "o objetivo da norma constitucional foi evitar expedientes condenáveis que procuravam alijar candidaturas e partidos, em favor de outros." Para o julgador, "não há de ter sido seu propósito impedir alterações louváveis na legislação eleitoral durante o ano da campanha." (BRASIL, 2001)

Noutros termos, segundo o julgador, "não foi o casuísmo que a Constituição quis eliminar, mas, sim, a quebra da ética do processo eleitoral." (BRASIL, 2001)

Também já defenderam tal posição os ministros Joaquim Barbosa, Carmen Lúcia e Ricardo Lewandowski.

Para o ministro Joaquim Barbosa, o disposto no art. 16 da Constituição de 1988 seria aplicável apenas a alterações promovidas no curso do processo eleitoral "com o fim de favorecer certos grupos" (BRASIL, 2011). Essa seria "a *mens* que deve orientar o intérprete na exegese do princípio da anterioridade eleitoral", ou seja, "a necessidade de impedir a utilização abusiva e casuística do processo legislativo como instrumento de manipulação e de deformação dos pleitos eleitorais, com possível quebra da isonomia entre os diversos partidos políticos e candidatos." (BRASIL, 2011)

Ao rejeitar alegação de violação ao princípio da anualidade eleitoral na aplicação imediata da LC n.135/2010 às eleições de 2010, a ministra Carmen Lúcia, no julgamento do

RE 633.703, aduziu que os Recorrentes não teriam demonstrado "de que modo a lei complementar n. 135 provocaria danos para a igualdade de oportunidades entre candidatos", não teriam comprovado que a nova legislação "viesse a favorecer este ou aquele candidato, partido ou coligação em disputa", concluindo a julgadora pela inexistência de "quebra do princípio da igualdade que me é extremamente caro como todos os princípios constitucionais." (BRASIL, 2011)

A seu turno, o ministro Ricardo Lewandowski defende que

> só se pode cogitar de comprometimento do princípio da anterioridade, quando ocorrer: 1) o rompimento da igualdade de participação dos partidos políticos e dos respectivos candidatos no processo eleitoral; 2) a criação de deformação que afete a normalidade das eleições; 3) a introdução de fator de perturbação do pleito; ou 4) a promoção de alteração motivada por propósito casuístico. (BRASIL, 2011)

Adotando posição antagônica, destacam-se votos já proferidos pelo ministro Sepúlveda Pertence, Celso de Mello e Gilmar Mendes.

O ministro Sepúlveda Pertence, já na primeira vez em que votou sobre a questão, se opôs ao posicionamento manifestado pelo ministro Sydney Sanches no julgamento da ADI 354. Nas palavras do ministro Sepúlveda: "não concordo com a premissa de que haja casuísmos condenáveis e não condenáveis. A meu ver a Constituição não quis casuísmos. Apenas isso." (BRASIL, 2001)

Na visão do julgador, não caberia ao Poder Judiciário um juízo de conveniência para decidir se determinada legislação, editada dentro do marco temporal do art. 16 da Constituição, deveria ou não ser aplicada, sob pena de o casuísmo não decorrer de ação do legislador, mas do próprio Poder Judiciário.

Sob esse enfoque, o ministro Sepúlveda repudiou a interpretação segundo a qual a aplicação do princípio da anualidade dependeria de investigação profunda quanto ao conteúdo da modificação, no sentido de nela se buscar quebra da igualdade ou desequilíbrio nas eleições. Propôs o ministro, assim, que "a regra deve ter uma interpretação, se necessário, até, menos inteligente, para evitar que ao casuísmo das legislações se siga, amanhã, o casuísmo ou a suspeita de casuísmo das aplicações ou não da lei casuística." (BRASIL, 2001)

Destaca-se, ainda, o posicionamento do ministro Celso de Mello no RE 633.703. Em seu voto, o julgador reconheceu a possibilidade de "dirigismo normativo das forças dominantes em determinado ciclo histórico" (BRASIL, 2011), e que o princípio da anualidade também seria uma garantia contra esse tipo de ação do legislador. Não obstante, enfatizando o caráter mais amplo do preceito, o ministro Celso de Mello expressou que aquela Corte "deve repudiar qualquer ensaio hermenêutico que, não obstante o justo propósito de quem o empreende, culmine por traduzir, em sua concreta expressão, desapreço manifesto ao postulado fundamental do devido processo eleitoral". (BRASIL, 2011)

De acordo com o ministro Gilmar Mendes, "a aplicação do princípio da anterioridade não depende de considerações sobre a moralidade da legislação. O art. 16 é uma barreira objetiva contra abusos e desvios da maioria, e dessa forma deve ser aplicada por esta Corte." (BRASIL, 2011)

Na visão do julgador, descabe "o argumento de que a lei tem fundamentos éticos evidentes, porque amanhã essas bases morais poderão camuflar perigosos interesses políticos":

> A experiência – inclusive da jurisprudência do STF – demonstra que a identificação do casuísmo acaba por levar à distinção subjetiva entre casuísmos bons ou não condenáveis (alterações ditas louváveis que visam à moralidade do pleito eleitoral) e casuísmos ruins ou condenáveis, com o intuito de submeter apenas estes últimos à vedação de vigência imediata imposta pelo art. 16 da Constituição (vide julgamento da ADI 354, especificamente o voto do Ministro Sydney.
>
> Se o princípio da anterioridade eleitoral é identificado pela mais recente jurisprudência do STF como uma garantia fundamental do devido processo legal eleitoral, sua interpretação deve deixar de lado considerações pragmáticas que, no curso do pleito eleitoral, acabam por levar a apreciações subjetivas sobre a moralidade deste ou daquele candidato ou partido político. (BRASIL, 2011)

Percebe-se, assim, que para alguns dos ministros do Supremo Tribunal Federal o princípio da anualidade tem um alcance mais restrito, incidindo apenas quando se puder detectar efetiva quebra da isonomia na novel legislação, filiando-se a tal corrente os ministros Sydney Sanches, Joaquim Barbosa, Carmen Lúcia e Ricardo Lewandowski, nos votos já reproduzidos anteriormente.

Já outra corrente adota interpretação segundo a qual o art. 16 da Constituição de 1988 traduz um critério objetivo para a inaplicabilidade da modificação do processo eleitoral, caso inobservado o marco temporal definido no dispositivo constitucional. Tal linha de pensamento conta com a adesão, nos votos transcritos, dos ministros Sepúlveda Pertence, Celso de Mello e Gilmar Mendes.

Assim, se faz importante enfrentar a questão.

De acordo com a primeira concepção, não é qualquer alteração do processo eleitoral que se põe sob a restrição do princípio da anualidade eleitoral, mas apenas aquelas que concretamente puderem violar o princípio da isonomia, em sua dimensão eleitoral.

Trata-se da chamada igualdade de chances, ou igualdade de oportunidades, que em síntese traduz um certo dever de neutralidade da regulação eleitoral, que não deve por si só ser um fato de desequilíbrio em favor deste ou daquele ator do processo, atuando, a regulação, de forma a permitir que o resultado expresso nas urnas seja o mais autêntico possível.

A regulação do processo eleitoral, assim, não deve ser um fator desviante. Deve, isso sim, permitir a leitura da vontade popular, e não sua manipulação.

Dizemos, por isso, que a regulação do processo eleitoral deve ser tanto quanto possível um fator "neutro", no sentido de que ele deve ser um instrumento "isento" para o qual convergem as forças políticas, e justamente porque isento, ou ao menos pretensamente isento, as múltiplas forças políticas – eleitor, candidatos e partidos – concordam em a ele se sujeitar, optando pela via do voto, ao invés de pedras e porretes, para a conquista do poder.

Nesse ponto, não há como negar: sendo o Estado um Estado partidariamente ocupado (GRIMM apud MENDES G., 2014; BRASIL, 2014), há sempre o risco do abuso da forma da lei para beneficiar maiorias momentâneas.

Assim, deve-se buscar inibir as tentativas das maiorias eventuais de uma vez alçadas ao poder, suprimirem a igualdade de chances em certames eleitorais subsequentes, como forma de se perpetuarem na direção do Estado.

Nesse contexto, a pergunta que cabe é a seguinte: o princípio da anualidade eleitoral se presta a impedir tal cenário? A resposta parece afirmativa, o que não significa dizer que ele se presta apenas a isso, ou apenas quando isso se revelar claramente na legislação eleitoral.

Isso porque a proteção da igualdade política não deve ficar restrita àquele período de um ano a que se refere o art. 16 da Constituição de 1988. Trata-se de exigência atemporal, exigência permanente da legislação eleitoral, e da legislação como um todo, abrangendo, inclusive, a dinâmica partidária, a atividade parlamentar, dentre outras formas de manifestação do político na vida em sociedade.

Tal exigência está calcada, entre outros fundamentos, no próprio regime democrático e no pluralismo político, princípios fundamentais da República Federativa do Brasil (art. 1 da Constituição de 1988).

Nesse contexto, o controle de constitucionalidade material dos atos normativos estatais já cumpre o papel de instrumento vocacionado para suprimir do ordenamento as hipóteses em que desvelada, pela legislação, odiosa manifestação de deformação ou manipulação legislativa, objetivando a quebra ou rompimento do equilíbrio de forças políticas, a perturbação da liberdade de concorrência política, ou mesmo a veiculação de privilégios a determinado grupos ou maiorias políticas em detrimento de outros (notadamente alijando ou sufocando minorias).

Não parece fazer muito sentido buscar identificar algum desvio material na legislação eleitoral, apontar violação efetiva à igualdade, para só, então, fazer valer o disposto no art. 16 da Constituição de 1988, pois dificilmente, após reconhecer que a legislação viola a igualdade ou algum outro princípio constitucionalmente valioso, poder-se-ia declarar que aquela modificação é válida, mas apenas não se presta para ser aplicada naquele momento.

Ou seja, a anualidade eleitoral não se presta especificamente para suspender a aplicação da legislação material inconstitucional, porque editada a menos de um ano da eleição; a legislação que violar a igualdade de oportunidades, que representar dirigismo indevido das forças dominantes, é por isso mesmo materialmente inconstitucional, devendo ser expungida do ordenamento, ao invés de apenas não ser aplicada momentaneamente por força do art. 16 da Constituição de 1988.

Por isso, exigir, para aplicação do art. 16 da Constituição de 1988, que da legislação se vislumbre favorecimento indevido, quebra efetiva da isonomia, tornaria em grande parte sem sentido a própria finalidade do princípio da anualidade.

Nem sempre é possível identificar o que seriam alterações louváveis, ou aperfeiçoamentos do processo eleitoral, em lugar de alterações desviantes ou impregnadas de carga político-ideológica-partidária, feitas com o deliberado intuito de desequilibrar o pleito a favor de determinado ou determinados atores. Tais desvios nem sempre são visíveis, e geralmente vêm escondidos nas entranhas da generalidade e abstração da lei.

Ademais, os resultados das alterações do processo eleitoral nem sempre são ponderáveis, e somente poderão ser conhecidos efetivamente após o teste das urnas. O princípio da anualidade eleitoral se presta, sob esse enfoque, a oferecer alguma calculabilidade às forças políticas, garantindo segurança e normalidade ao processo eleitoral, a fim de que o mesmo atinja o seu objetivo de servir de instrumento legitimador do exercício do poder. Trata-se de dimensão do princípio da anualidade eleitoral como modalidade de garantia de segurança jurídica, e que já foi tratada anteriormente.

Assim, parece ter razão André Rufino do Vale ao afirmar que "a norma do art. 16 fornece uma razão peremptória para a sustação da eficácia jurídica de qualquer lei que altere o processo eleitoral e seja publicada no decurso do ano eleitoral" (VALE, 2011, p. 81), razão pela qual "a proteção constitucional contra as leis casuísticas em matéria eleitoral não distingue casuísmos bons ou não condenáveis [...], por um lado, e casuísmos perniciosos, por outro". (VALE, 2011, p. 93)

4.3 O Processo eleitoral elemento referencial para a tutela pelo princípio da anualidade eleitoral: um conceito controverso

A redação do art. 16 da Constituição estabelece como referencial para o contingenciamento temporal da nova legislação que a mesma seja hábil a alterar o processo eleitoral.

A referência a processo eleitoral constava também da redação original do dispositivo.

Portanto, o âmbito de aplicação da disposição constitucional sempre teve como referencial o processo eleitoral. Era assim na concepção do constituinte originário, e continua sendo assim na nova formatação do dispositivo, fruto da deliberação levada a efeito pelo constituinte derivado que, nesse tocante, deixou intacto o dispositivo constitucional.

O processo eleitoral é, dessa forma, o núcleo primordial de proteção da disposição constitucional. É ele o bem jurídico maior de tutela da limitação constitucional à atividade legislativa. Ou, melhor dizendo, da limitação aos efeitos que a atividade legislativa pode exercer sobre o processo eleitoral, neutralizando-a no plano da eficácia, considerando que, como já dito, a deliberação legislativa em si não é interditada, mas apenas (o que não significa pouco) os seus efeitos, e tão somente se publicada em lapso temporal menor do que aquele definido pela Constituição.

A primeira conclusão que se pode extrair da menção a processo eleitoral pelo art. 16 da Constituição, e isso parece mesmo óbvio, é a de que o texto constitucional não veda a eficácia de toda e qualquer legislação editada a menos de um ano da eleição.

O Congresso Nacional não é fechado, e nem seria desejável e razoável que o fosse, pelo fato de se realizarem eleições. Fosse o contrário, e considerando que a permanente periodicidade dos pleitos eleitorais constitui um elemento indissociável da concepção contemporânea de democracia, no Brasil a cada dois anos a função legislativa seria suprimida, o que poderia gerar verdadeiro colapso do Estado.

Logo, apenas a legislação que tratar ou repercutir sobre processo eleitoral sofre a interdição, em seus efeitos, da limitação constitucional estabelecida pelo princípio da anualidade eleitoral. A atividade legislativa, em sua totalidade, qualquer que seja a matéria, não encontra qualquer empecilho pelo fato de serem realizadas eleições coincidentes com determinado ano legislativo. Cabe à União continuar legislando sobre direito penal, financeiro, tributário, civil, comercial, dentre outros.

Aliás, em relação a determinadas matérias, parece mesmo que o Congresso Nacional é sempre voluntarioso a legislar em anos de eleições, e o direito eleitoral, como já visto, se

insere dentre esses temas. Já outros temas, correlatos, por exemplo, à matéria tributária, notadamente quando importe aumento de impostos, não constituem grande interesse das pautas legislativas em ano eleitoral. Mas isso se deve a fatores outros, não necessariamente de ordem jurídica, que necessariamente não se relacionam diretamente com a disposição constante do art. 16 da Constituição de 1988.

Logo, convém repetir, uma matéria em particular é objeto da proteção conferida pela Constituição de 1988 através do princípio da anualidade eleitoral. E essa matéria, aparentemente, nem mesmo é o direito eleitoral como um todo, mas o processo eleitoral, que constitui um dos institutos regulados pelo direito eleitoral, talvez o mais importante deles, e sobre o qual versam a maioria das suas normas. Mas, certamente, no processo eleitoral não esgota toda disciplina normativa desse ramo do direito.

Essa constatação, entretanto, e ao contrário do que possa parecer à primeira vista, está longe de simplificar a questão, e não joga luzes suficientes, não esclarecendo satisfatoriamente, o efetivo âmbito de proteção conferido pelo princípio da anualidade eleitoral.

Isso porque, a definição e conceituação de processo eleitoral encerra ampla divergência. É assim no âmbito doutrinário e também em sede jurisprudencial, tendo o Supremo Tribunal Federal oscilado bastante de posicionamento a respeito do que se deve compreender por processo eleitoral, nunca se tendo alcançado um consenso, o que evidentemente gera sérios reflexos na proteção conferida pelo princípio da anualidade eleitoral.

Também diverge a doutrina quanto ao início e ao fim do processo eleitoral, o mesmo podendo ser verificado no âmbito do Supremo Tribunal Federal.

Enfim, são possíveis várias linhas de pensamento a respeito do que vem a ser processo eleitoral e, por consequência, as normas jurídicas que sofreriam a restrição do art. 16 da Constituição. Nos tópicos seguintes, serão expostas essas diversas posições doutrinárias a respeito da questão.

Também haverá o enfrentamento da questão mediante análise de casos julgados no Supremo Tribunal Federal, onde em especial o tema é particularmente controverso, e difícil, até mesmo, de ser sistematizado.

Ao final deste tópico, será proposta uma definição de processo eleitoral que entendemos adequada ao escopo do princípio da anualidade eleitoral.

4.3.1 A definição de processo eleitoral na doutrina: algumas abordagens

Na busca da definição da expressão processo eleitoral, a grande maioria dos autores busca um enfoque explicativo dentro de uma perspectiva eminentemente procedimental.

Rodolfo Vianna Pereira esclarece que a visão procedimental de processo eleitoral geralmente se escora em "abordagens técnicas e pragmáticas que costumam definir o termo segundo um critério meramente formal: conjunto de atos e procedimentos que objetivam constituir a representação política." (PEREIRA, 2008, p. 21)

Dentro de tal concepção procedimental, é comum tomar-se processo eleitoral como "conjunto de atos realizados pelas autoridades eleitorais, pelos partidos políticos e cidadãos com o objetivo de empreender a renovação periódica dos mandatos legislativos e executivos". (PEREIRA, 2008, p. 22)

Essa visão de processo eleitoral como procedimento é consentânea com a noção de procedimentalidade como típica forma de execução concreta das funções estatais, sendo inerente à função de todos os poderes do Estado, no exercício de praticamente todas as suas atividades, que se revestem, em maior ou menor medida, de formalidades especificamente demarcadas para o atingimento de um determinado objetivo.

Sob esse enfoque, e tomando de empréstimo a lição de Dinamarco, pode-se dizer que "o procedimento é um sistema de atos interligados numa relação de dependência sucessiva e unificados pela finalidade comum de preparar o ato final de consumação no exercício do poder." (DINAMARCO,1987, p. 131)

Trazendo para a perspectiva eleitoral de procedimento, o ato final consistiria na definição e habilitação para a investidura dos mandatários nas funções políticas para as quais eleitos, confluindo para esse ato final uma sucessão de atos intermediários, legalmente estabelecidos e interligados sucessivamente.

Assim, e no dizer de Rodolfo Vianna Pereira, a expressão processo eleitoral

> Pode ser definida como conjunto de atos e fases necessários à organização de uma determinada consulta eleitoral concreta e que, portanto, estabelecem um modo pelo qual serão habilitados os atores políticos, os mecanismos voltados à informação dos eleitores acerca das propostas em jogo, a realização da consulta eleitoral e os sistemas de fiscalização e garantia da regularidade das operações. (PEREIRA, 2008, p. 24)

Embora destacando a complexidade de se definir todos os atos inerentes ao processo eleitoral sob essa ótica procedimental, o mencionado autor (PEREIRA, 2008, p. 24) busca agrupá-los de forma sistemática em três etapas, às quais chama preparatória, constitutiva, e integrativa de eficácia.

A primeira etapa, ou etapa preparatória, seria destinada a definir os atores envolvidos no certame eleitoral, tanto na perspectiva do eleitor, determinando o corpo sufragante, quanto na perspectiva daqueles que concorrerão aos mandatos políticos em disputa, promovendo os respectivos registros de candidatura. Também a campanha eleitoral, envolvendo atos de propaganda visando informar o eleitor, estaria inserida nesta etapa preparatória do processo eleitoral.

A seu turno, a fase constitutiva envolveria aqueles atos relativos à captação da vontade popular expressa nas urnas, abrangendo dessa forma, o processo de votação, sua apuração e a proclamação do resultado. Trata-se, portanto, daquele momento que vai desde o dia designado para a eleição em si, quando o eleitor se dirige aos locais de votação, depositando seu voto na urna, até a divulgação daqueles eleitos, segundo os votos conferidos, e a fórmula eleitoral de seu cômputo. Na atual quadra, ao menos no Brasil, onde foi adotado o sistema eletrônico de votação, tal fase se tornou bastante abreviada, não sendo incomum que a mesma se inicie e termine no mesmo dia.

Por fim, a última fase, de acordo com classificação de Rodolfo Vianna Pereira (2008), ou fase constitutiva de eficácia, teria por escopo a depuração da vontade eleitoral, objetivando verificar se sua manifestação se deu de acordo com as premissas do voto livre e desimpedido. Tal fase envolveria, por exemplo, o contencioso jurisdicional pós-eleitoral, tratando-se, assim, de fase na qual controle das eleições ganha proeminência.

Por outro lado, ainda segundo Rodolfo Pereira Viana, também subsistem concepções mais restritivas de processo eleitoral, como a de Orozco Henriquez (apud PEREIRA, 2008), que associa processo eleitoral à estrita ideia de contencioso eleitoral, pressupondo um litígio submetido a um órgão estatal incumbido de função jurisdicional.

Trata-se, portanto, de visão de processo eleitoral que acaba por tomar a expressão como processo judicial eleitoral, dentro de uma perspectiva de relação jurídico-processual estabelecida entre partes, antagônicas, que buscam perante uma autoridade judiciária a solução adjudicada de um litígio, envolvendo matéria eleitoral em disputa.

Tal como a primeira concepção, existe também um viés procedimental na visão de processo eleitoral como manifestação do contencioso eleitoral submetido ao processo judicial.

A primeira dimensão se relaciona ao "processo de formação e manifestação da vontade eleitoral", ao passo que a segunda dimensão se relaciona "ao controle jurídico eleitoral". (PEREIRA, 2008, p. 23)

No entanto, de acordo com Rodolfo Viana Pereira (2008), as duas dimensões, embora ostentem viés procedimental, não devem ser encaradas como gênero e espécie, como se poderia imaginar em uma conclusão apressada.

Isso porque, na realidade, existiria uma relação de principal e acessório entre as duas dimensões. Nas palavras do autor:

> a primeira acepção (pertinente ao modo pelo qual são organizados os canais para expressão da vontade popular) é a razão fundamente da existência da segunda (relativa ao controle jurisdicional), na medida em que essa, sendo uma garantia jurídica de solução de litígio, surge para a prevenção ou correção de distúrbios ocasionados em torno daquela, ou seja, da administração concreta de um determinado pleito. (PEREIRA, 2008, p. 23)

À visão de Rodolfo Viana Pereira (2008) se assemelha a de José Jairo Gomes (2013), que defende a existência de um sentido restrito e de um sentido amplo para processo eleitoral.

De acordo com o sentido restrito "a expressão *processo eleitoral* designa *processo jurisdicional eleitoral (= contencioso eleitoral).* Seu fundamento é o controle das eleições." (GOMES, J., 2013, p. 235)

Já em sentido amplo,

> processo eleitoral" significa a complexa relação que se instaura entre Justiça Eleitoral, candidatos, partidos políticos, coligações, Ministério Público e cidadãos com vistas à concretização do sacrossanto direito de sufrágio e escolha, legítima, dos ocupantes dos cargos público-eletivos em disputa. O procedimento, aqui, reflete o intrincado caminho que se percorre para a concretização das eleições, desde a efetivação das convenções pelas agremiações políticas até a diplomação dos eleitos. Em geral, quando se fala em processo eleitoral, é a esse sentido que se quer aludir. (GOMES, J., 2013, p. 234)

Sivanildo de Araújo Dantas (2004) busca estabelecer o conceito de processo eleitoral a partir da distinção entre processo e procedimento, efetuada por grande parte da doutrina do direito processual. O autor recusa que processo e procedimento possam ser reputados como sinônimos, havendo, sob sua ótica, notas distintivas suficientes que permitiriam classificar esses termos como institutos jurídicos distintos.

Em tal esforço demonstrativo, o autor destaca que o procedimento deveria ser compreendido como "uma estrutura técnica dos atos jurídicos praticados por sujeitos de direito, caracterizável pela sequência ordenada de atos normativos preestabelecidos no ordenamento jurídico, com a finalidade de exercer função estatal." (DANTAS, 2004, p. 67)

Já o processo, embora também possa de certa forma ser encaixado nessa definição, teria sua mais marcante nota distintiva, em relação ao procedimento, assentada no elemento do contraditório. Nem todo procedimento se faz, discorre Dantas, sob contraditório, mas apenas o processo. Assim, o procedimento quando adota a dialeticidade, contida no contraditório, passaria a ser qualificado como processo. Segundo a frase cunhada pelo autor,"o processo é o procedimento com contraditório", concluindo, segundo sua ótica, que "todo processo é procedimento, porém, nem todo procedimento é necessariamente processo." (DANTAS, 2004, p. 67-68)

É importante observar que o autor, quando fala em dialeticidade e contraditório, o faz em sentido bastante estrito. De acordo com Sivanildo de Araújo Dantas, o contraditório é aquele realizado sob a supervisão do Estado-juiz, dentro de uma lide formalmente submetida à jurisdição, de sorte que "o procedimento se realiza em todas as funções estatais, o processo somente na jurisdicional." (DANTAS, 2004, p. 65)

Assim, haveria em Direito Eleitoral tanto procedimento quanto processo. O procedimento estaria relacionado às funções administrativas da Justiça Eleitoral, seria a exteriorização da função administrativa da Justiça Eleitoral. A seu turno, processo seria termo reservado às lides submetidas à Justiça Eleitoral no exercício de sua função jurisdicional,

> O termo processo eleitoral, tal qual o costume vem sedimentando, comporta duas dimensões, uma, de natureza jurisdicional e outra, de natureza administrativa. Esta espécie, da qual nos ocuparemos neste trabalho, diz respeito ao "procedimento" que visa realizar as eleições e não se confunde com a primeira espécie, que é tratada Na Teoria Geral do Processo. (DANTAS, 2004, p. 75)

A distinção efetuada por Dantas (2004) entre procedimento e processo leva-o à conclusão de que, quando a Constituição de 1988 se refere a processo eleitoral, ela, em verdade, está se referindo ao procedimento das eleições. Caso contrário, apenas as normas de natureza processual que incidem sobre os litígios afetos à função jurisdicional da Justiça Eleitoral estariam sob o âmbito de incidência do princípio da anualidade eleitoral.

Justamente por compreender que a expressão "processo eleitoral", a que se refere o art. 16 da Constituição, não se relaciona com processo jurisdicional, mas com procedimentos afetos à função administrativa da Justiça Eleitoral,

Sivanildo de Araújo Dantas defende que as regras processuais que regem os processos judiciais eleitorais podem ser alteradas a qualquer tempo. (DANTAS, 2004, p. 217)

Dantas propõe que a expressão "processo eleitoral", constante do art. 16 da Constituição de 1988, seja lida como "procedimento das eleições", por entender que essa última expressão teria o condão de tornar mais claro o significado da disposição constitucional. Assentado em tais premissas, o autor busca definir o sentido de "procedimento das eleições" da seguinte forma:

> Nesse sentido, alicerçado nessa linha temporal, ousamos definir o procedimento das eleições como sendo uma entidade jurídica cujas atividades sequencialmente ordenadas, lógica e cronologicamente, inicia-se com a publicação do edital de registro dos candidatos ao pleito e finalizam-se com a diplomação, por meio das quais a autoridade, com contribuição de poderes específicos, viabiliza as eleições para escolha dos representantes do povo, que deverão integrar as instituições democráticas eletivas, legitimando-os no poder. (DANTAS, 2004, p. 88)

Conquanto a conclusão de Sivanildo de Araújo Dantas pareça fazer todo sentido quando afirma que o art. 16 da Constituição não quer se referir propriamente ao contencioso judicial afeto à jurisdição Eleitoral (e que por isso processo e procedimento não podem ser confundidos), a visão do autor não parece inteiramente acertada quando qualifica o termo "processo" como restrito ao processo do contencioso judicial, no qual se observa o contraditório.

Isso porque, o contraditório pode ser formalizado no bojo de um procedimento que necessariamente não esteja afeto à jurisdição de um órgão do Poder Judiciário. Exemplos claros são os processos administrativos, notadamente aqueles de natureza disciplinar, submetidos à apreciação de órgãos administrativos, e que, até por exigência constitucional, devem observar o contraditório (art. 5, LV, da Constituição de 1988). Também é assim com os processos administrativos-tributários, que correm perante os órgãos fazendários do Estado, nos quais se permite aos contribuintes exercer o contraditório em relação a débitos tributários lançados em seu desfavor.

A seu turno, Marcos Ramayana (2008) enfatiza que o processo eleitoral é um conceito vago geralmente associado às seguintes fases, tidas por necessárias para a realização de uma eleição: alistamento, votação, apuração e diplomação. No entanto, o próprio autor reconhece que restringir o processo eleitoral apenas a essas fases se mostra insuficiente para extrair maior efetividade ao dispositivo constitucional (art. 16 da Constituição).

Assim, para Ramayana (2008), embora o conceito de processo eleitoral realmente abranja os procedimentos eleitorais antes citados, não se exaure nessas fases o âmbito de projeção da norma constitucional. De acordo com o autor, as questões relativas às coligações partidárias, por exemplo, não constituem propriamente procedimento eleitoral, mas matéria relativa à organização partidária. Nem por isso, elas deixariam de exercer forte influência no processo eleitoral, daí surgindo a indagação se, realmente, o conceito de processo eleitoral deve ser interpretado dentro de uma lógica restritiva, vale dizer, referenciado tão-somente às fases e atos procedimentais necessários para a realização de eleições e seu desfecho.

Dessa forma, o autor propõe que "deve-se entender por processo eleitoral os atos que refletem, ou de alguma forma se projetam no pleito eleitoral, abrangendo as coligações, convenções, registro de candidatos, propaganda política eleitoral, votação, apuração e diplomação." (RAMAYANA, 2008, p. 48)

Na mesma linha, Édson Resende de Castro (2014) também frisa ser imediata a associação de processo eleitoral à noção de procedimentalidade, razão pela qual "parece inevitável ver na expressão processo eleitoral o conjunto de atos, providências, procedimentos e decisões, desencadeados sob as regras que fixam as condições essenciais da disputa e garantem a prevalência dos valores constitucionais da normalidade e legitimidade das eleições." (CASTRO, 2014, p. 161)

De acordo com tal lógica, a princípio, se o que está vedado é a alteração do processo eleitoral (caso ocorrida há menos de um ano da eleição), e se o processo eleitoral se confunde com atos e fases procedimentais, logo, apenas as normas de natureza processual ou procedimental estariam contempladas na restrição estabelecida pelo legislador constituinte no art. 16 na Constituição de 1988.

No entanto, acompanhando o raciocínio do autor, percebe-se que Édson Resende de Castro defende uma visão bem mais ampla do princípio da anualidade eleitoral, já que propõe uma interpretação finalística do conceito de processo eleitoral, ao asseverar que "se uma lei, pela natureza material ou processual, não importa, impõe sacrifícios a uns e benefícios a outros, ao ponto de afetar a igualdade de oportunidades no pleito que se aproxima, não deve ser aplicável quando sancionada em vigor há menos de um ano." (CASTRO, 2014, p. 161)

Como exemplo, Édson Resende de Castro (2014) toma de empréstimo a hipótese de alteração da distribuição do fundo partidário, matéria que, a rigor, não consiste em norma procedimental eleitoral, mas que, nem por isso, deixa de influenciar no processo eleitoral caso editada dentro do marco temporal estabelecido pela proteção do art. 16 da Constituição de 1988, já que repercute sobremaneira nas finanças das agremiações partidárias, e assim, no financiamento das campanhas.

Percebe-se assim, que mesmo aqueles doutrinadores que atribuem ao processo eleitoral uma conotação procedimental, nem sempre, ou não necessariamente, defendem que isso significaria que apenas normas processuais ou procedimentais seriam objeto do que dispõe o art. 16 da Constituição de 1988, comportando-se no âmbito de aplicação do dispositivo constitucional também as normas de direito material, desde que, de alguma forma, essas normas de direito material também repercutam naquelas fases que compõem o processo eleitoral.

4.3.2 A definição de processo eleitoral no Supremo Tribunal Federal

Assim como no âmbito da doutrina, a jurisprudência do Supremo Tribunal Federal, tampouco, parece oferecer um consenso seguro sobre o significado da expressão processo eleitoral, o que pode ser constatado pela multiplicidade de interpretações conferidas pelo Tribunal quando do julgamento de casos cuja resolução passou pela aplicação do princípio da anualidade eleitoral.

Constata-se ampla divergência não apenas entre julgados do Supremo Tribunal Federal ao longo da história, como também e, sobretudo, entre os votos proferidos pelos ministros em cada um dos julgamentos.

4.3.2.1 A distinção entre leis adjetivas e substantivas

A controvérsia sobre a definição de processo eleitoral se fez presente desde a primeira vez em que o Supremo Tribunal Federal teve que aplicar o princípio da anualidade eleitoral, no julgamento da ADI 354, tendo que dirimir, por consequência, ao que exatamente o legislador constituinte se referia ao utilizar a expressão processo eleitoral.

O caso passava por decidir, em vista do que dispõe o art. 16 da Constituição de 1988, a incidência imediata ou não da Lei n. 8037/90 ao pleito eleitoral daquele ano, sendo o conteúdo da legislação relativo à interpretação do voto de legenda atribuído pelo eleitor, quando não houvesse tanta clareza na forma de marcação na célula. Tratava-se, assim, de questão relativa à apuração de votos.

O ministro Octávio Gallotti, relator da ação, rechaçou qualquer possibilidade de se compreender as normas de processo eleitoral "como sendo as de direito judiciário, ou seja, aos meios ou instrumentos da composição das lides nas questões eleitorais." Para o julgador, o sentido de processo eleitoral "alcança sucessão, o desenvolvimento e a evolução do fenômeno eleitoral, em suas diversas fases ou estágios." (BRASIL, 2001).

O ministro Octávio Galotti reputou fazer parte do processo eleitoral desde o sistema partidário, passando pela escolha de candidatos, propaganda eleitoral, organização do pleito e apuração do resultado.

Concepção similar foi expressa pelo ministro Carlos Velloso, segundo o qual "o processo eleitoral consiste num complexo de atos que visam a receber e transmitir a vontade do povo", dentre os quais, "a preparação e a realização das eleições, a apuração dos votos e a diplomação dos eleitos." (BRASIL, 2001)

Também o ministro Celso de Mello destacou que a aplicação do princípio da anualidade eleitoral "pressupõe a definição, pelo Supremo Tribunal Federal, do significado da locução constitucional processo eleitoral", decorrendo "do reconhecimento do alcance do conteúdo de sua noção conceitual" o exato âmbito de incidência do art. 16 da Constituição de 1988. A partir dessas premissas, o ministro Celso de Mello buscou definição para processo eleitoral numa sucessão de atos e fases de natureza procedimental, indicando-as em sistematização que se tornou notória:

> Tenho para mim que o processo eleitoral, enquanto sucessão ordenada de atos estágios causalmente vinculados entre si, supõe, em função do tríplice objetivo que persegue, a sua integral submissão como disciplina jurídica que, ao discriminar os momentos que o compõem, indica as fases em que ele desenvolve: (a) **fase pré- eleitoral**, que, iniciando-se com a apresentação de candidaturas, estende-se até a realização da propaganda eleitoral respectiva; (b) **fase eleitoral propriamente dita**, que compreende o início, a realização e o encerramento da votação e (c) **fase pós- eleitoral**, que principia com a apuração e contagem de votos e termina com a diplomação dos candidatos eleitos, bem assim como dos respectivos suplentes. (BRASIL, 2001)

A seu turno, o ministro Sepúlveda Pertence consignou que a conceituação de processo eleitoral deveria ter "extensão tão ampla quanto seus termos comportam, de modo a abranger, radicalmente, desde o alistamento dos eleitores e a habitação dos partidos à escolha dos candidatos", passando ainda pelo registro, propaganda, votação, apuração, proclamação e, finalmente, diplomação dos eleitos. (BRASIL, 2001).

Já o ministro Paulo Brossard buscou conceituar processo eleitoral a partir da distinção entre "direito processual" e " direito eleitoral substantivo". De acordo com o ministro, o direito eleitoral pode ser subdividido em direito material e em direito processual. A própria Constituição de 1988 reconheceria a distinção, eis que ora se vale da expressão "direito eleitoral" (art. 22, I), ora se vale da expressão "processo eleitoral" (art. 16), razão pela qual as expressões não poderiam ser simplesmente tomadas como sinônimos. Assim, direito eleitoral seria gênero, do qual espécie o direito processual, com o qual se identificaria a expressão "processo eleitoral". (BRASIL, 2001)

No entanto, a defesa mais vigorosa da restrição ao conteúdo semântico de processo eleitoral partiu do ministro Moreira Alves, para quem a expressão realmente não abarca todo direito eleitoral, mas apenas o conjunto de atos diretamente ligados às eleições e, ainda assim, de natureza meramente formal ou instrumental. Estariam fora do âmbito de incidência do princípio da anualidade eleitoral, assim, as normas de natureza material, ainda que porventura repercutam nas eleições

> A meu ver, e desde que processo eleitoral não se confunde com direito eleitoral, parte que é dele, deve-se entender aquela expressão, não como abrangente de todas as normas que possam refletir-se direta ou indiretamente na série de atos necessários ao funcionamento das eleições por meio do sufrágio universal – o que constitui o conteúdo do direito eleitoral -, mas, sim, das normas instrumentais diretamente ligadas às eleições, desde a fase inicial (a apresentação das candidaturas) até a final (a da diplomação dos eleitos).
>
> Note-se, porém, que são apenas as normas instrumentais relativas às eleições, e não as normas materiais que a elas de alguma forma se prendam.
>
> [...]
>
> Se a Constituição pretendesse chegar tanto não teria usado expressão mais restrita que é " processo eleitoral", mas teria se valido de expressão mais ampla abrangente de todo direito eleitoral, certo, aliás, como é que até limitação ou extensão de prazo para alistamento eleitoral pode influir nas eleições. E nunca se pretendeu que alistamento fosse abrangido pelo processo eleitoral. (BRASIL, 2001)

A concepção de processo eleitoral do ministro Moreira Alves poderia ser sintetizada, assim, como "complexo de normas de direito formal" (BRASIL, 2001), destinadas à regência dos atos compreendidos entre o registro de candidatura e a diplomação.

Na mesma linha, o voto do Ministro Neri da Silveira, para quem o princípio da anualidade não impede a eficácia das alterações legislativas, "desde que não se cuide de norma de natureza adjetiva, norma que regule procedimento da realização da eleição." (BRASIL, 2001)

Por fim, dentre os votos proferidos na ADI 354, merece destaque o voto proferido pelo ministro Aldir Passarinho, cujo teor, de forma singular, se distingue de todos os demais, apresentando a mais ampla definição e conceituação de processo eleitoral.

O ministro Aldir Passarinho busca o conceito de processo eleitoral a partir da concepção de normalidade e legitimidade das eleições, que ele sintetiza na expressão "verdade das urnas".

A concepção do ministro Aldir Passarinho parece desvincular a aplicabilidade do art. 16 da Constituição de 1988 de uma necessária ou imprescindível identificação de fases ou atos procedimentais, por meio dos quais o processo eleitoral se manifesta concretamente. Também não parece tão relevante ao ministro a distinção entre normas processuais ou materiais:

> Devemos, inicialmente, ver qual conceito mais adequado à expressão processo eleitoral. Se devemos considerar estritamente como simples instrumentação para realização das eleições e proclamação dos eleitos ou se deverá compreender o sistema eleitoral, principalmente nos seus pontos mais precípuos, que digam com a apuração dos resultados das urnas. Segundo entendo, o sentido do art. 16 é manter o sistema eleitoral, como estava antes, sem modificações que possam resultar em casuísmos.
>
> [...]
>
> Para evitar esses casuísmos, essas modificações feitas sempre de última hora, para atender a determinadas circunstâncias ou determinados interesses daqueles que
>
> podem elaborar as leis, o art. 16 estabeleceu essa norma de aplicação da modificação do processo eleitoral somente um ano depois. Parece-me que essa restrição do art. 16 não é para o processo eleitoral em sentido estrito e apenas para os aspectos formais das eleições e apuração dos

> resultados, mas, precipuamente, como disse, para aquilo que disser com a verdade das urnas. É isso sentido do art. 16. (BRASIL, 2001)

Pelo que se infere dos posicionamentos exarados pelos ministros no julgamento da ADI 354 existiram ao menos quatro vertentes interpretativas muito marcantes a respeito do conceito de processamento eleitoral.

A primeira delas é aquela que toma processo eleitoral como contencioso judicial, e que já foi exposta na visão de alguns doutrinadores. O voto proferido pelo ministro Octávio Gallotti chega a mencionar tal possibilidade interpretativa, rejeitando-a, no entanto. Nenhum dos outros ministros chega a endossar tal interpretação.

A segunda vertente interpretativa, e que no julgamento em referência tem como adeptos, de forma explícita, os ministros Moreira Alves, Paulo Brossard e Neri da Silveira, adotam a expressão processo eleitoral como complexo normativo composto exclusivamente de preceitos formais, instrumentais, que se destinam a regular o procedimento das eleições, em suas diversas fases e atos.

A terceira vertente, à qual se filiariam os votos de Octávio Gallotti, Carlos Veloso, Celso de Mello e Sepúlveda Pertence, também toma processo eleitoral sob uma perspectiva procedimental, identificando e elencando os atos e fases que o marcariam, sem, no entanto, restringi-lo às normas de natureza meramente procedimental. Sob tal ótica, admite-se que normas de direito material também comporiam o conceito de processo eleitoral, estando sob a salvaguarda do princípio da anualidade eleitoral. É importante frisar, no entanto, que inexistiu consenso entre os ministros relativamente ao momento de início e fim do processo eleitoral, o que modifica sobremaneira o âmbito de aplicação do art. 16 da Constituição.

Para o ministro Octávio Gallotti, o processo eleitoral iniciaria com o registro dos candidatos, indo até a apuração dos resultados das eleições, razão pela qual a diplomação não seria parte do processo eleitoral. É ainda citado pelo julgador o "sistema partidário" como parte integrante do processo eleitoral, que a rigor não diz respeito diretamente a qualquer das fases comumente identificadas como afetas ao procedimento das eleições, embora a ele evidentemente se relacione. Já o ministro Celso de Mello tem na escolha de candidatos e registro de candidatura e na diplomação o início e fim do processo eleitoral, respectivamente. Por sua vez, o ministro Sepúlveda Pertence inclui ainda no conceito de processo eleitoral o alistamento, ao passo que o ministro Carlos Veloso reputa a "preparação das eleições" com início do processo eleitoral, sem especificar quais atos estariam abrangidos nessa etapa preparatória. Os dois últimos ministros adotam a diplomação como o fim do processo eleitoral.

De resto, a quarta vertente interpretativa, adotada pelo ministro Aldir Passarinho, é a de natureza mais ampla, enxergando o processo eleitoral não a partir de suas fases procedimentais, mas como um bem jurídico destinado a garantir "a verdade das urnas".

Além de figurar como primeira hipótese de análise acerca do princípio da anualidade eleitoral, o julgamento da ADI 354 até hoje figura, ao lado do RE 633.703, como um dos precedentes nos quais se travou com mais intensidade o sentido, o conceito, e a definição da expressão processo eleitoral.

De referido precedente, se extrai a existência que seria controversa a respeito do conceito de processo eleitoral, bem como, sobre qual tipo de legislação (material ou processual) não poderia alterá-lo, com eficácia imediata, a menos de um ano da eleição. Não obstante, e como reconheceu o ministro Sepúlveda Pertence ao rememorar o acórdão proferido na ADI 354, "não se colheu, naqueles julgamentos, definição explícita da maioria da Corte a favor da compreensão mais abrangente [...] ou da mais restritiva [...] do conceito de processo eleitoral." (BRASIL, 1995)

Em verdade, analisando os julgamentos que se seguiram no Supremo Tribunal Federal, e cuja resolução passou pela aplicação do princípio da anualidade eleitoral, até hoje não se pode extrair uma posição absolutamente clara daquela Corte a respeito do conceito de processo eleitoral.

É também importante ressaltar que nem sempre essas variações da perspectiva conceitual de processo eleitoral chegam a constituir o problema central em discussão nos julgamentos. Não é incomum que alguns ministros, em seus votos, abordem tal questão, ao passo que os demais conduzam solução sem passar por essa necessária definição, abordando outros aspectos controvertidos do princípio da anualidade eleitoral em seus votos.

Nesse sentido, pode-se inferir de alguns julgamentos que, para determinados ministros, deve prevalecer, acima de tudo, uma interpretação teleológica do princípio da anualidade eleitoral, centrada na indicação de violação ou não à *ratio* do instituto (a igualdade e a segurança jurídica face a casuísmos do legislador).[3]

---

[3] Quanto a isso, pode ser dito que se se cogita investigar violação à teleologia do princípio da anualidade, é porque implicitamente se admite que houve modificação do processo eleitoral, e aí haveria o entendimento, portanto, de que a lei questionada é integrante do

Como exemplo, possível citar o julgamento da ADI 3741, no qual o Supremo Tribunal Federal se pôs a enfrentar a aplicabilidade imediata, às eleições de 2006, das disposições da Lei n. 11.300/2006b, relacionadas à propaganda eleitoral, financiamento de campanha e prestação de contas.

Leitura de votos proferidos na ADI 3741, relatada pelo ministro Ricardo Lewandowski, leva à conclusão no sentido de que normas do processo eleitoral, quando meramente procedimentais ou instrumentais, poderiam ser modificadas sem violação ao art. 16 da Constituição.

Todavia, justamente tal espécie de norma, de natureza instrumental, em lugar das normas materiais, recorrentemente foram invocadas em votos na ADI 354 como aquelas únicas que não poderiam incidir dentro do marco anual estabelecido pelo princípio da anualidade eleitoral. Assim indicaram, por exemplo, e como já exposto, os votos do ministro Moreira Alves, Paulo Brossard e Neri da Silveira.

Confira-se, a propósito, do voto proferido pelo ministro Ricardo Lewandowski na ADI 3741:

> Logo de plano, é possível constatar que em nenhum momento inovou-se no tocante a normas relativas ao processo eleitoral, concebido em sua acepção mais restrita, visto que não se alterou a disciplina das convenções partidárias, nem os coeficientes eleitorais e nem tampouco a extensão do sufrágio universal, como ficou assentado no substancioso parecer da Procuradoria Geral da República.
>
> Com efeito, apenas as regras relativas à propaganda, ao financiamento e à prestação de contas das campanhas eleitorais, todos com caráter eminentemente procedimental, foram objeto de aperfeiçoamento, com vistas a conferir mais autenticidade à relação entre partidos políticos e candidatos, de um lado, e eleitores, de outro, bem como a dar maior transparência ao modo com que os primeiros obtêm e empregam seus recursos.
>
> Não se registrou, portanto, qualquer alteração do processo eleitoral, propriamente dito, mas tão-somente o aprimoramento de alguns de seus procedimentos, os quais constituem regras de natureza instrumental, que permitem, em seu conjunto, que ele alcance seus objetivos. (BRASIL, 2007)

"processo eleitoral" e a altera. Logo, somente a partir do estabelecimento dessa premissa, se poderia dizer se a legislação viola ou não a anualidade em uma perspectiva finalística, ou seja, se a alteração, além de modificar o processo eleitoral, viola a igualdade ou a segurança jurídica.

É bem verdade que a posição do ministro Ricardo Lewandowski está assentada preponderantemente no fundamento de que houve um "aperfeiçoamento", e não uma "deformação" desses procedimentos, e que a teleologia do art. 16 da Constituição demandaria a existência de um desvio da novel legislação, no sentido de macular ou colocar em risco a eleição.

No entanto, não se pode deixar de notar a assertiva, presente no voto, de que as regras de normas de propaganda, financiamento e prestação de contas, tipicamente instrumentais, não seriam "processo eleitoral propriamente dito", mas "alguns de seus procedimentos", o que não parece fazer muito sentido.

O pior de tudo é que tal assertiva vem desacompanhada da explicação do que, então, seria "processo eleitoral propriamente dito", deixando o leitor do acórdão em certo estado de perplexidade.

Também nesse sentido o voto do ministro Joaquim Barbosa, na citada ADI 3741, segundo o qual "as alterações levadas a efeito pela lei impugnada são de ordem meramente procedimental, razão pela qual não vejo a inconstitucionalidade apontada" (BRASIL, 2007), bem como, da ministra Ellen Gracie, no sentido de acompanhar "o brilhante voto do eminente Relator, que nos deixou absolutamente claro que as alterações foram de caráter meramente procedimental" (BRASIL, 2007).

Ora, a questão que se coloca a saber é se a distinção entre alterações no procedimento ou no direito substantivo serve como critério para a aplicabilidade do art. 16 da Constituição, ou, pelo contrário, se a natureza da legislação se afigura irrelevante.

Caso seja irrelevante a distinção, devendo prevalecer outros critérios (a teleologia do art. 16, por exemplo), não faz sentido invocar a natureza procedimental da legislação para fins de decisão. Mas, caso sirva de critério, é preciso que se indique porque normas de procedimentos das eleições integram ou não integram o conceito de processo eleitoral do art. 16 da Constituição de 1988, notadamente porque justamente tais espécies de normas, em lugar das normas materiais, recorrentemente são invocadas como aquelas únicas passíveis de suspensão de eficácia pelo princípio da anualidade eleitoral.

O acórdão da ADI 3741, dessa forma, mais confunde do que esclarece um conceito preciso de processo eleitoral. Na realidade, a rejeição da alegação de inconstitucionalidade da Lei n.11.300/2006, face à anualidade eleitoral, parece não se relacionar propriamente com a natureza procedimental das inovações, como dão a entender os votos citados, mas do entendimento de que tais alterações, embora efetivas, não seriam "casuísticas", o que é outro vetor interpretativo comumente invocado quando se trata aplicação do art. 16 da Constituição de 1988, e sobre o qual já falamos.

Os julgamentos subsequentes realizados no Supremo Tribunal Federal tampouco se revelaram aptos à resolução da tormentosa questão relativa à precisa definição de processo eleitoral.

Pelo contrário. O julgamento do RE 633.703 (BRASIL, 2011) viria a mostrar que a definição de processo eleitoral ainda é um capítulo em aberto na jurisprudência do Supremo Tribunal Federal.

Como já antecipado, ao lado do RE 354 (BRASIL, 2001), o RE 633.703 constitui o julgamento em que mais se buscou estabelecer uma definição de processo eleitoral para os fins do disposto no art. 16 da Constituição de 1988.

A rigor, todas aquelas indefinições que marcaram o julgamento do RE 354 foram novamente debatidas por ocasião do julgamento do RE 633.703, o que apenas reforça o argumento de que o Supremo Tribunal Federal nunca fechou questão a respeito de uma definição precisa do que seria o processo eleitoral.

O caso é célebre, e consiste na apreciação, sob a ótica do princípio da anualidade eleitoral, da LC n. 135/2010, conhecida como Lei da Ficha Limpa, às eleições de 2010.

A LC n.135/2010, alterando a LC n. 64/90, estabeleceu nova conformação para as hipóteses de inelegibilidade, criando novos casos, ampliando prazos, e estabelecendo a aplicação da inelegibilidade desde o julgamento do indivíduo por órgão colegiado, em casos de condenações por alguns atos ilícitos.

Tornou a ser discutida a natureza procedimental ou material das leis que compõe o processo eleitoral, variando-se conceitos mais amplos e restritivos do instituto, assim como a fase de iniciação do processo eleitoral e a sua (ir) relevância para a aplicação do princípio da anualidade eleitoral.

A respeito da dimensão material ou processual das leis que constituem o chamado processo eleitoral, marcaram posições antagônicas diversos votos.

De acordo com o ministro Joaquim Barbosa, "lei de inelegibilidade não se qualifica como lei de processo eleitoral", por se tratar de "matéria constitucional de caráter substantivo, inserida no campo que o saudoso professor Caio Maio da Silva Pereira certa vez qualificou como direito político". Ainda de acordo com o ministro Joaquim Barbosa, o processo eleitoral "inicia-se com a realização das convenções partidárias e se encerra com a diplomação dos candidatos eleitos", razão pela qual a legislação que não afetasse qualquer dessas fases não sofreria o bloqueio do art. 16, acrescendo, no que toca à LC n. 135/2010, que "a referida lei complementar, que traz normas de direito material eleitoral, ingressou no mundo jurídico em momento no qual ainda não estavam formalmente definidos os candidatos às eleições". (BRASIL, 2011).

Também o ministro Ayres Britto trilhou tal interpretação ao defender que "violação inexistiu ao art. 16, quer por se tratar [...] de uma nítida norma de direito material, quer por não se dotar [...] de aptidão para alterar o processo eleitoral". De acordo com o ministro, "processo eleitoral só pode ter função instrumental, é um instrumento, é serviente." (BRASIL, 2011)

Já em sentido diverso, manifestaram-se expressamente os ministros Dias Toffoli, Celso de Mello e Luiz Fux.

Para o primeiro,

> A lei que alterar o processo eleitoral, afirma o artigo 16, CF/1988, não se aplica à eleição que ocorra até um ano de sua vigência. O texto não faz distinção entre espécies de leis, muito menos ao conteúdo de seus dispositivos. É genérica. É direta. É explícita. Não poderia o legislador ordinário desconhecer essa restrição prévia a seu poder legiferativo. (BRASIL, 2011)

Já de acordo com o voto do ministro Celso de Mello, o princípio da anualidade se aplica às leis que "independentemente de seu conteúdo material ou processual, alterarem o processo eleitoral", abrangendo, portanto, "diplomas legislativos, como o de que ora se trata, que estabeleçam, em caráter inovador, normas eleitorais de conteúdo material (e não apenas aquelas que veiculem regras de caráter meramente ritual)." (BRASIL, 2011)

A seu turno, o ministro Luiz Fux destacou que as fases do processo eleitoral "são compostas não só de normas procedimentais, mas principalmente por regras de conteúdo substancial, que disciplinam os requisitos de fundo a serem satisfeitos em cada etapa." (BRASIL, 2011). Assim,

> Na realidade, a expressão processo eleitoral foi utilizada pelo constituinte no sentido colhido da teoria geral do direito, como série concatenada de atos dirigidos a uma finalidade, qual seja: a definição dos mandatários políticos através do jogo democrático.
>
> Desta sorte, inexiste oposição entre direito material e processo eleitoral, para fins de incidência do art. 16 da CF. Ao revés, são justamente as regras de direito material no domínio eleitoral que mais podem influenciar a isonomia e a igualdade de chances nas eleições, de modo que é especialmente para estas hipóteses que se dirige o dispositivo.

> [...]
>
> Firmada a premissa de que o comando do art. 16 da CF se dirige também a normas eleitorais de conteúdo substancial, a única conclusão possível de se alcançar, com a devida vênia dos entendimentos em contrário, é que as novas hipóteses de inelegibilidade previstas na LC n. 135/10 não podem ser aplicadas para as eleições ocorridas no próprio ano em que entraram em vigor. (BRASIL, 2011)

Também de debates entre o ministro Ayres Britto e Marco Aurélio se verifica ampla divergência a respeito do tema:

> SENHOR MINISTRO GILMAR MENDES [...]
>
> O Ministro Moreira Alves, nós sabemos, compôs a maioria, fazendo a distinção entre o processo [...]
>
> O SENHOR MINISTRO MARCO AURÉLIO - Fazendo a distinção onde a Constituição não distingue.
>
> O SENHOR MINISTRO AYRES BRITTO (RELATOR) - A Constituição distingue direito material e direito processual.
>
> O SENHOR MINISTRO MARCO AURÉLIO - No artigo 16, não. Perdoe-me, Vossa Excelência. Então, Vossa Excelência deve ter um exemplar da Constituição que não tenho.
>
> O SENHOR MINISTRO AYRES BRITTO (RELATOR) - Não, no 22. Por favor,
>
> leia o 22, que Vossa Excelência vai perceber a diferença.
>
> O SENHOR MINISTRO MARCO AURÉLIO - Estou me referindo ao artigo 16. Nele estamos centrados.
>
> O SENHOR MINISTRO RICARDO LEWANDOWSKI - A interpretação do 16, aí é que reside a controvérsia. (BRASIL, 2011)

Cumpre ressaltar que nem todos os ministros proferiram votos expressos a respeito da dicotomia entre lei adjetiva e lei substantiva para a definição do conteúdo de processo eleitoral.

No que toca ao início do processo eleitoral, e à importância de sua definição para a aplicabilidade do princípio da anualidade eleitoral, também concorreram diversos votos.

Adotando explicitamente as convenções partidárias e o registro de candidatura como termo inicial do processo eleitoral votaram os ministros Ayres

Britto, Celso de Mello, Carmen Lúcia, Joaquim Barbosa, Ricardo Lewandowski, Cezar Peluso e Luiz Fux.

Cumpre enfatizar, no entanto, que uma coisa é se compreender que o processo eleitoral tem início com as convenções partidárias e o registro de candidaturas. Coisa absolutamente diversa é entender ser esse o marco a partir do qual não se poderia promover alterações do processo eleitoral, o que acabaria por reduzir o prazo de um ano do art. 16 da Constituição de 1988.

Não obstante, essa parece ter sido a interpretação de alguns ministros, valendo citar, nesse tocante, o voto da ministra Carmen Lúcia a respeito da questão. Segundo seu raciocínio, a LC n. 135/2010 foi editada "antes da fase de convenções para escolha de candidatos, e, consequentemente, antes do período legal para apresentação e julgamento dos pedidos de registro de candidaturas". Assim, para a julgadora, a legislação em questão "não alterou o processo eleitoral em sentido estrito, ou seja, aquele resguardado de mudanças casuísticas pelo art. 16 da Constituição." E não alterou, continua a ministra Carmen Lúcia em seu voto, "pelo simples fato de que o processo eleitoral ainda não havia sequer começado" (BRASIL, 2011)

Tal interpretação foi objeto de franca crítica por diversos ministros. De acordo com o ministro Luiz Fux

> A dinâmica eleitoral não se inicia apenas formalmente na convenção partidária: há movimentos políticos de estratégia que ocorrem antes, pela conjugação e harmonização de forças, como é notório, e *notoria non egent probationem*, por isso que esse fato não pode ser simplesmente desconsiderado na identificação da razão subjacente ao art. 16.
>
> Esses postulados teóricos aplicáveis ao caso sub examine impedem que a Suprema Corte Brasileira simplesmente reescreva o art. 16 da Constituição Federal, no sentido de que, onde se lê "não se aplicando à eleição que ocorra até um ano da data de sua vigência", seja lido como marco temporal a data da realização das convenções partidárias, ou a data em que ocorrido o registro da candidatura. A regra do art. 16 da CF, ao concretizar o princípio da segurança jurídica no domínio eleitoral, definiu um marco claro e preciso para a eficácia de novas leis que pretendam alterar o processo eleitoral, qual seja: a lei não pode atingir as eleições que ocorram no mesmo ano em que iniciada sua vigência. E um ano, evidentemente, não é igual a quatro meses, espaço de tempo que medeia entre o mês de junho (entrada em vigor da LC n. 135/10) e o mês de outubro (mês de realização das eleições). (BRASIL, 2011)

Ressalte-se que o próprio ministro Luiz Fux reconheceu que o processo eleitoral, formalmente, "tem início com o ato da convenção partidária" (BRASIL, 2011), não havendo que se confundir, entretanto, o início formal do processo eleitoral com modificações legislativas que repercutam de alguma forma nessa fase ou em outras do processo eleitoral.

A LC n.135/2010, sob essa ótica, embora não regule propriamente nenhuma fase do processo eleitoral, por ser capaz de projetar efeitos sobre praticamente todas as fases do processo eleitoral, sofreria a incidência do princípio da anualidade eleitoral.

Isso porque, na dicção do ministro Cezar Peluso, a LC n. 135/2010 "atinge o elemento mais peculiar, mais sensível, mais delicado do processo eleitoral, que é o quadro subjetivo dos competidores". (BRASIL, 2011)

Por outro lado, adotando marco temporal distinto como início do processo eleitoral, posicionaram-se os ministros Dias Toffoli, Ellen Gracie, Marco Aurélio e Gilmar Mendes. Tais julgadores consideraram como início do processo eleitoral o próprio prazo de um ano, a que alude o art. 16 da Constituição de 1988, invocando ser o prazo mínimo necessário para a filiação partidária (atualmente reduzido a 6 meses, por força da Lei n. 13.165/2015), fixação do domicílio eleitoral e registro dos partidos para aqueles que desejem concorrer nas eleições. É o que se colhe, por todos, do voto do Ministro Gilmar Mendes, segundo o qual:

> a fase pré-eleitoral de que trata a jurisprudência desta Corte não coincide com as datas de realização das convenções partidárias. Ela começa muito antes, com a própria filiação partidária e a fixação de domicílio eleitoral dos candidatos, assim como o registro dos partidos no Tribunal Superior Eleitoral. A competição eleitoral se inicia exatamente um ano antes da data das eleições e, nesse interregno, o art. 16 da Constituição exige que qualquer modificação nas regras do jogo não terá eficácia imediata para o pleito em curso. (BRASIL, 2011)

Percebe-se, assim, quão controvertida é a definição de processo eleitoral, tornando tarefa árdua estabelecer o preciso escopo do princípio da anualidade eleitoral, que consiste em um dos elementos primordiais desse trabalho.

Os principais julgados nos quais se debateu o conceito de processo eleitoral – ADI 354 (BRASIL, 2001) e RE 633.703 (BRASIL, 2011) – foram decididos por seis votos a cinco. Apenas por um voto de diferença, portanto. E as controvérsias nem mesmo se restringiram aos pontos já expostos, subsistindo outras questões relevantes acerca da aplicabilidade do princípio da anualidade eleitoral e que foram objeto de profundas divergências em julgados do Supremo Tribunal Federal.

Em verdade, não se pode identificar, ao longo desses já citados julgamentos, a construção de um consenso no âmbito do Supremo Tribunal Federal sobre o conceito de processo eleitoral, dada a forma fragmentada e a multiplicidade de enfoques com que a questão vem sendo apreciada, ora invocando-se fases do procedimento e sua regulação para conceituá-lo, ora adotando-se visão mais ampla do processo eleitoral, comportando nele mais do que leis procedimentais.

4.3.2.2 A distinção entre leis de direito eleitoral e leis não eleitorais

Também contribui para dificuldade de se estabelecer uma precisa conceituação de processo eleitoral a existência de controvérsia, já verificada em diversos julgados do Supremo Tribunal Federal, sobre a possibilidade de modificação do processo eleitoral por normas que não tenham conteúdo de direito eleitoral.

Nesse sentido, no julgamento da ADI 733 (BRASIL, 1995), o Supremo Tribunal Federal teve que dirimir se a criação de novos municípios, por leis estaduais, sofreria a incidência do princípio da anualidade eleitoral, considerada a adequação da hipótese à expressão "lei que alterar o processo eleitoral".

A lei estadual que cria novos municípios, embora não seja norma de caráter eleitoral e, muito menos, norma procedimental relativa à realização de eleições, inegavelmente interfere na dinâmica eleitoral, tanto sob a perspectiva do novo município, quanto sob a perspectiva do município do qual desmembrado aquele.

Isso porque a criação de novos municípios importa a criação de novas circunscrições eleitorais, alterando, sob a perspectiva de grande parte do eleitorado, o domicílio eleitoral no âmbito do qual é exercido o direito político ativo de voto. Sob a ótica do eleitor, modifica-se, drasticamente, o conteúdo e a extensão de seus direitos políticos, enquanto direito à participação na formação do corpo de representantes eleitos de determinado ente político ao qual vinculado.

Também se altera a dinâmica eleitoral sob a perspectiva dos candidatos, já que o exercício dos direitos políticos passivos, e consequentemente o direito de se candidatar, ser votado e eleito tem relação direta com o domicílio eleitoral do indivíduo.

E de resto, mesmo a definição do objeto finalístico do processo eleitoral resta modificada. Se o processo eleitoral é, grosso modo, mecanismo cujo objetivo consiste na eleição de representantes para o cumprimento de mandatos no exercício de funções políticas, a lei estadual que crie novos municípios altera o resultado final do processo eleitoral, pois modifica os cargos em disputa, bem como, agrega ou suprime o seu quantitativo.

Vale lembrar, nesse tocante, que a Constituição de 1988 estabelece em sua art. 29, IV, fórmula de proporcionalidade entre o quantitativo populacional de determinado Município e o número de vereadores. Em sua redação original, esse quantitativo variava entre nove e quarenta e dois vereadores, ao passo que, com a Emenda Constitucional n. 58/2009c, esse quantitativo passou a variar entre nove e cinquenta e cinco vereadores, tudo a depender do número de habitantes de determinado Município.

Nesse contexto, a lei estadual que crie novo Município pode ter repercussão até mesmo no mecanismo de definição da representatividade inerente ao sistema proporcional, bastando que se imagine que, com o desmembramento, determinado Município passe a ter menos cargos de vereadores, com reflexo no cálculo do coeficiente eleitoral e, sucessivamente, nas demais etapas da equação necessária à conversão de votos em mandatos.

Dificilmente se poderia afirmar que, em tal cenário, a conformação da representatividade política, resultante do processo eleitoral, e para o qual ele se presta, seria a mesma independentemente da eficácia imediata de lei estadual criando novo Município.

Logo, a rigor, trata-se de lei que gera efeitos no processo eleitoral, embora não se trate de lei eleitoral propriamente dita e, tampouco, lei eleitoral de procedimentos eleitorais.

Todavia, o fato de não constituir "direito eleitoral" (seja direito eleitoral material ou direito eleitoral processual), levou o Supremo Tribunal Federal a compreender inaplicável a restrição de eficácia estabelecida pelo princípio da anualidade eleitoral às leis estaduais criadoras de novos municípios, conforme se infere, nesse tocante, pelo voto do relator ministro Sepúlveda Pertence na ADI 733:

> No art. 16 CF, que é a norma secundária, ou de sobre direito, relativa à vigência das leis que o alterem - processo eleitoral tem significado de ordenamento jurídico das eleições, de conjunto normativo constitucional que as discipline.

> [...]
>
> Não obstante, um ponto, de resto, óbvio, parece ter ficado duvidosamente acertado: no art. 16 CF, processo eleitoral é conjunto normativo parcial - maior ou menor, não importa - do sistema de normas mais extenso, o direito eleitoral.
>
> E esse último, o direito eleitoral, desde a Constituição de 34 (art. 5, XIX, f) é matéria reservada privativamente à União.
>
> Logo, no sistema da Constituição de 88 - onde as normas gerais de alçada complementar, e a lei específica de criação de municípios foi confiada aos Estados -,
>
> o exercício dessa competência estadual explícita manifestamente não altera o processo eleitoral, que é coisa diversa e integralmente da competência legislativa federal. (BRASIL, 1995)

A única ressalta ficou por conta do ministro Marco Aurélio, que enfatizou emprestar maior amplitude ao quadro estabilizador da legislação a que alude o art. 16 da Constituição:

> Na hipótese, houve, no ano alusivo às eleições, a criação, por desmembramento, de municípios. Indaga-se: essa criação não repercute no processo eleitoral, que normalmente ocorreria caso permanecessem os municípios com a área geográfica primitiva e com os próprios eleitores? Senhor Presidente, confiro ao art. 16 da Constituição Federal, no que preceitua que "a lei que alterar o processo eleitoral só entrará em vigor um ano após sua promulgação", um alcance maior. Tenho a referida lei no artigo como qualquer diploma que, de alguma forma, repercuta no processo eleitoral. E, no caso, se ocorre o desmembramento de determinado município, a meu ver, aí, tendo em vista esse sentido lato, a repercussão é evidente. Considerados não só os eleitores, em si, como também os candidatos e a "performance" desses candidatos frente aos mesmos eleitores, há uma repercussão. Nesta parte, peço vênia o nobre ministro-relator, para concluir com os dois diplomas atacados conflitam com o que se contém no artigo 16 a Lei Básica Federal. (BRASIL, 1995)

É interessante notar que os votos dos ministros Sepúlveda Pertence e Marco Aurélio demonstram visões antagônicas de processo eleitoral.

Sob a perspectiva do ministro Sepúlveda Pertence, processo eleitoral tem um conceito essencialmente normativo, ou seja, de "ordenamento jurídico das eleições", como um composto de normas de caráter eleitoral destinadas a reger as eleições. Já o ministro Marco Aurélio parece adotar um conceito bem mais amplo de processo eleitoral, enxergando na expressão toda uma dinâmica que comporta, mas não se resume, ao seu aspecto normativo de direito eleitoral, abrangendo o fenômeno eleitoral, que pode ser conformado por normas de outra espécie.

O Supremo Tribunal Federal não voltou a enfrentar a criação de novos entes políticos em ano eleitoral. Todavia, por duas vezes, teve que dirimir questão que de certa forma se relaciona com uma das consequências geradas pela criação de novo ente político: a alteração da configuração dos cargos em disputa, quando já atingido o marco temporal do ano da disputa eleitoral.

Com efeito, tanto na ADI 3345 (BRASIL, 2010c), quanto na ADI 4307 (BRASIL, 2013), o Supremo Tribunal Federal se pôs diante de quadro em que a incidência de ato normativo modificaria número de vagas de vereadores em municípios, quando já inaugurado o período a que alude o princípio da anualidade eleitoral.

No primeiro caso, a impugnação era dirigida contra a Resolução n. 21.702, de 06 de abril de 2004, do Tribunal Superior Eleitoral, editada para determinar "os critérios de fixação do número de vereadores nos Municípios, de acordo com disposto no art. 29, IV, da Constituição Federal". A resolução fixou critérios objetivos de proporcionalidade entre o número de cadeiras/população a serem observados em todo o país, determinando a observância desses critérios já nas eleições de 2004 para todos os municípios brasileiros. Na prática, a aplicação da Resolução n. 21.702, de 06 de abril de 2004, implicou na redução, durante o ano eleitoral, de mais de 8.500 (oito mil e quinhentos) cargos de vereador nos mais de 5.500 (cinco mil e quinhentos) municípios brasileiros[4].

Já no caso da ADI 4307, a hipótese versava sobre a aplicação da Emenda Constitucional n. 58/2009, que modificou os critérios do art. 29, IV, da Constituição de 1988, às eleições de 2008. Quando já finda a eleição, portanto. Como consequência, alterou- se o quadro de eleitos, empossando-se maior número de vereadores, de acordo com a nova conformação de proporcionalidade entre cargos e habitantes estabelecida pelo constituinte reformador.

É interessante observar que nos dois casos, alguns ministros buscaram solucionar a controvérsia a partir da conceituação e definição de processo eleitoral.

---

[4] FOLHA DE SÃO PAULO, 2004.

Nesse sentido, o ministro Celso de Mello, no julgamento da ADI 3345, enfatizou que a definição de composição numérica de Câmaras Municipais consistiria "típica matéria de caráter político-administrativo, e não de matéria eleitoral", advertindo, ainda, que a resolução "não implicou modificação do processo eleitoral", eis que "editada em 02/04/2004, sendo que as convenções partidárias para a escolha dos candidatos ao mandato e Vereador somente puderam realizar-se a partir de 10/06/2004". (BRASIL, 2010c)

Percebe-se, portanto, que além de aduzir que a matéria não é eleitoral, e, portanto, não poderia alterar o processo eleitoral, o ministro Celso de Mello, fiel ao seu entendimento explicitado na ADI 354, reiterou que o processo eleitoral não se inicia antes da escolha dos candidatos, razão pela qual atos que antecedem tal data não estariam inseridos no conceito de processo eleitoral.

Já de acordo com a ministra Ellen Gracie, também no julgamento da ADI 3345, "a resolução impugnada não ofende o disposto no art. 16 da Constituição, haja vista que não corresponde ao gênero "processo eleitoral" referido naquela norma a mera fixação do número de vereadores comportável pela demografia de cada município." (BRASIL, 2010c)

Assim, prevaleceu, no julgamento da ADI 3345, a concepção de que processo eleitoral é conjunto normativo composto por normas de caráter eleitoral (a exemplo do que defendeu o ministro Sepúlveda Pertence na ADI 733), embora não se tenha discutido se tais normas são apenas aquelas de natureza processual ou se abrangidas também normas de direito eleitoral material.

Todavia, por ocasião do julgamento da ADI 4307, o Supremo Tribunal Federal, novamente se deparando com modificação do número de vagas de vereadores, dessa vez por emenda constitucional, adotou posicionamento em sentido diverso, admitindo que normas não qualificadas propriamente como de direito eleitoral podem sofrer a incidência do disposto do art. 16 da Constituição.

Destacam-se, de referido precedente, no que interessa à presente parte do trabalho, os votos dos ministros Carmen Lúcia, Ricardo Lewandowski e Cezar Peluso, cujas fundamentações passaram pela análise do art. 16 da Constituição (embora não apenas) e pela conceituação de processo eleitoral.

De acordo com a ministra Carmen Lúcia,

> Em efeito, a modificação do número de cargos em disputa para vereadores tem notória repercussão no sistema de representação proporcional (art. 106, 107 e 109 do Código Eleitoral), atingindo candidatos naquele pleito de 2008, os eleitos, partidos políticos e, principalmente,

> estabilizando os eleitores, que foram às urnas, acreditaram no Estado que, pela Justiça Eleitoral, proclamou os eleitos, promoveu a sua diplomação e validou a sua posse, ficando o eleitor sem saber ao certo o destino do seu voto e sem ter ciência de quem se elegeu e de quem não se elegeu (BRASIL, 2013)

Já para o ministro Ricardo Lewandowski,

> No caso sob análise, se aceitarmos que a emenda constitucional 58, que altera a composição da Câmara de Vereadores, tem vigência e eficácia imediata, nós estaríamos admitindo que o próprio equilíbrio das forças políticas no âmbito municípios, que resultou da aplicação das normas eleitorais vigentes a época do pleito de 2008, poderia ser alterado.

Quer dizer, nós estaríamos então atentando frontalmente, a meu juízo, contra o princípio não só da anualidade, que está esculpido no art. 16 da carta magna, mas também - como disse muito bem eminente relatora -, estaríamos vulnerando o devido processo eleitoral. (BRASIL, 2013)

E, por fim, para o ministro César Peluso,

> Tal regra, ou tais regras, abrangem evidentemente a pré-definição das vagas e do correspondente número dos eleitos, e isto por duas razões: primeiro, porque são o objeto último do processo de eleição. O processo de eleição visa à quê? Ao preenchimento do quadro de vagas, de mandatos, mediante eleição apenas dos mandatários correlatos ou correspondentes – nem mais, nem menos. Em segundo lugar, porque essa correspondência – isso aqui me parece fundamental – constitui a garantia de respeito à vontade objetiva dos eleitores. (BRASIL, 2013)

Os casos citados – ADI 3345 e ADI 4307 – estão longe de serem idênticos. As peculiaridades de cada um deles são de grande relevância, sendo também muitos e dispersos os fundamentos invocados como razões de decidir pelos julgadores. Alguns ministros sequer chegaram, em ambos os casos, a adotar o disposto no art. 16 da Constituição de 1988 como razão fundamental de decidir.

Como já dito, a ADI 3345 tratava de hipótese de resolução do Tribunal Superior Eleitoral que, a pretexto de interpretar diretamente o texto constitucional, restringiu o número de cadeiras em disputa, antes das eleições. Contou como fator decisivo a circunstância de o Supremo Tribunal Federal ter julgado previamente caso individual, no RE 197917 (BRASIL, 2004b)[5], relativo ao

---

[5] EMENTA: RECURSO EXTRAORDINÁRIO. MUNICÍPIOS. CÂMARA DE VEREADORES. COMPOSIÇÃO. AUTONOMIA MUNICIPAL. LIMITES CONSTITUCIONAIS. NÚMERO DE VEREADORES PROPORCIONAL À POPULAÇÃO. CF, ARTIGO 29, IV.

município de Mira Estrela, declarando a inconstitucionalidade da legislação daquele município, e reduzindo o número de vagas de vereadores. Tal precedente motivou, no âmbito do julgamento da ADI 3345, ampla discussão sobre os efeitos irradiantes do fundamento das decisões proferidas por aquela Corte no exercício da jurisdição constitucional, o que alegadamente daria suporte à iniciativa do Tribunal Superior Eleitoral.

Já a ADI 4307 tratava de ampliar por emenda constitucional, com efeitos imediatos, o número de vagas de vereadores, após as eleições, já definitivamente encerradas. Foram adotados diversos fundamentos autônomos para a decisão notadamente relativos à extensão e alcance da proteção conferida pelas cláusulas pétreas do art. 60, § 4 da Constituição de 1988, invocando-se a

---

APLICAÇÃO DE CRITÉRIO ARITMÉTICO RÍGIDO. INVOCAÇÃO DOS PRINCÍPIOS DA ISONOMIA E DA RAZOABILIDADE. INCOMPATIBILIDADE ENTRE A POPULAÇÃO E O NÚMERO DE VEREADORES. INCONSTITUCIONALIDADE, INCIDENTER TANTUM, DA NORMA MUNICIPAL. EFEITOS PARA O FUTURO. SITUAÇÃO EXCEPCIONAL. 1. O artigo 29, inciso IV da Constituição Federal, exige que o número de Vereadores seja proporcional à população dos Municípios, observados os limites mínimos e máximos fixados pelas alíneas a, b e c. 2. Deixar a critério do legislador municipal o estabelecimento da composição das Câmaras Municipais, com observância apenas dos limites máximos e mínimos do preceito (CF, artigo 29) é tornar sem sentido a previsão constitucional expressa da proporcionalidade. 3. Situação real e contemporânea em que Municípios menos populosos têm mais Vereadores do que outros com um número de habitantes várias vezes maior. Casos em que a falta de um parâmetro matemático rígido que delimite a ação dos legislativos Municipais implica evidente afronta ao postulado da isonomia. 4. Princípio da razoabilidade. Restrição legislativa. A aprovação de norma municipal que estabelece a composição da Câmara de Vereadores sem observância da relação cogente de proporção com a respectiva população configura excesso do poder de legislar, não encontrando eco no sistema constitucional vigente. 5. Parâmetro aritmético que atende ao comando expresso na Constituição Federal, sem que a proporcionalidade reclamada traduza qualquer afronta aos demais princípios constitucionais e nem resulte formas estranhas e distantes da realidade dos Municípios brasileiros. Atendimento aos postulados da moralidade, impessoalidade e economicidade dos atos administrativos (CF, artigo 37). 6. Fronteiras da autonomia municipal impostas pela própria Carta da República, que admite a proporcionalidade da representação política em face do número de habitantes. Orientação que se confirma e se reitera segundo o modelo de composição da Câmara dos Deputados e das Assembléias Legislativas (CF, artigos 27 e 45, § 1º). 7. Inconstitucionalidade, incidenter tantun, da lei local que fixou em 11 (onze) o número de Vereadores, dado que sua população de pouco mais de 2600 habitantes somente comporta 09 representantes. 8. Efeitos. Princípio da segurança jurídica. Situação excepcional em que a declaração de nulidade, com seus normais efeitos ex tunc, resultaria grave ameaça a todo o sistema legislativo vigente. Prevalência do interesse público para assegurar, em caráter de exceção, efeitos pro futuro à declaração incidental de inconstitucionalidade. Recurso extraordinário conhecido e em parte provido. (BRASIL, 2004b)

segurança jurídica, o devido processo, o ato jurídico perfeito e os princípios democráticos.

Todavia, não obstante a peculiaridade de cada caso, é perceptível que, no que há entre eles em comum, ou seja, a relação entre norma não eleitorais e processo eleitoral, as decisões se apresentam dispares.

Na ADI 3345, trilhou-se raciocínio mais restritivo de processo eleitoral, tomado por complexo de normas eleitorais, permeável aos efeitos de alterações normativas de outra natureza sem que se pudesse invocar a limitação de eficácia temporal estabelecida pelo princípio da anualidade eleitoral. Ou seja, de acordo com referido julgamento, a natureza político-administrativa da norma que altera quantitativo de vereadores permitiria qualificá-la como norma "não eleitoral", estranha ao gênero "processo eleitoral" e fora do alcance da disposição do art. 16 da Constituição.

A seu turno, na ADI 4307, à mesma espécie de norma "não eleitoral", igualmente de natureza político-administrativa, dando nova conformação à composição de um dos poderes do Município, reconheceu-se a incidência do princípio da anualidade eleitoral, por interferir no equilíbrio de forças políticas.

Tal dualidade de interpretação a respeito das disposições do art. 16 da Constituição de 1988 dificulta sobremaneira identificar no âmbito da jurisprudência do Supremo Tribunal Federal bases seguras sobre como deve ser compreendido "processo eleitoral" e sobre qual a natureza da lei apta a modificá-lo.

4.3.3 Uma definição de processo eleitoral

Em que pesem as dificuldades em se encontrar consenso sobre uma definição de processo eleitoral, faz-se imprescindível a tentativa de se estabelecer um conceito adequado para a expressão.

Nesse sentido, ressaltamos que a expressão tem natureza polissêmica, e pode ser compreendida sob várias perspectivas. O que entendemos por perspectiva adequada é aquela que leva em conta o princípio da anualidade como mecanismo que busca estabelecer para as diversas forças políticas uma estabilização do quadro normativo existente, de modo que essas forças possam ter alguma previsibilidade e calculabilidade para a disputa eleitoral, de forma que se possa dar em torno dessas regras do jogo o consenso, necessário para a conquista da legitimidade do procedimento e de seu resultado.

É por isso que adotamos concepção ampla de processo eleitoral, e o enxergamos como a própria dinâmica eleitoral, que pressupõe, mas não se restringe, aos atos e procedimentos formais adotados pela Justiça Eleitoral na organização das eleições.

A nosso ver, os procedimentos eleitorais, inclusive suas fases formais e atos procedimentais (tais como o registro, a votação, a apuração e a diplomação), estão contempladas na dinâmica eleitoral, mas não traduzem toda a sua dimensão, sendo apenas a sua fase ostensiva.

O processo eleitoral, enquanto dinâmica eleitoral, ocorre também antes de seu início formal, e envolve a própria correlação de forças políticas e o equilíbrio de suas posições, que começam a se estabelecer antes de inaugurada a fase ostensiva do processo eleitoral. As prévias partidárias, as convenções, as filiações, as mudanças de domicílio eleitoral, o alistamento, tudo isso tem por escopo um único objetivo: a realização e a disputa do processo eleitoral.

Logo, tais atos se projetam sobre o processo eleitoral, nele repercutem, fazem parte das regras do jogo, ainda que não possam ser identificados com alguma específica fase ou ato do procedimento das eleições, fase ostensiva do processo eleitoral.

Portanto, para a finalidade do art. 16 da Constituição de 1988, não entendemos necessário identificar o ato normativo como parte integrante de alguma fase ou ato do procedimento para a realização de eleições, bastando que ele tenha implicação direta no pleito eleitoral, refletindo na dinâmica eleitoral, conformando-a.

A estabilização momentânea propiciada pelo art. 16 da Constituição é de todo o quadro normativo que rege a dinâmica eleitoral, regime jurídico esse composto de normas que regulam direito material e também processual. Ou seja, todo o arcabouço normativo que tenha direta relação com o processo eleitoral deve estar previamente estabelecido, ser conhecido e permanecer imutável, desde que se avizinhe a disputa eleitoral e até o seu fim, estabelecendo o legislador constitucional a métrica anual, independentemente de vinculação específica a qualquer das fases ou etapas dos específicos procedimentos por meio do qual o processo eleitoral se manifesta concretamente.

4.4 O princípio da anualidade eleitoral e as espécies de atos normativos

Importante questão que se coloca a respeito do princípio da anualidade eleitoral se refere ao âmbito de cobertura do preceito no que se refere às espécies normativas que podem sofrer sua incidência. Ou seja, como deve ser entendido o vocábulo "lei" na expressão "a lei que alterar o processo eleitoral", constante do art. 16 da Constituição de 1988.

A princípio, em sua dimensão legislativa, a anualidade eleitoral se aplica aos atos capazes de modificarem ou refletirem diretamente no processo eleitoral, enquanto veículos normativos editados em caráter geral, abstrato, na forma de preceitos objetivamente redigidos,

com eficácia geral e universal. É necessário, no entanto, definir a tipologia desses atos normativos e a aplicabilidade do preceito do art. 16 da Constituição de 1988 a eles.

4.4.1 Leis ordinárias, leis complementares e emendas constitucionais

No exercício de sua jurisdição o Supremo Tribunal Federal já se manifestou no sentido de que leis ordinárias, leis complementares e mesmo emendas constitucionais estão sujeitas ao princípio da anualidade eleitoral.

Todas essas espécies normativas constituem "lei" em sentido estrito, vale dizer, modalidade de ato estatal produto do exercício da atividade funcional típica do Poder Legislativo.

No que toca às leis ordinárias, não parece haver grande dificuldade em compreendê- las como espécie normativa sujeita ao art. 16 da Constituição de 1988. A controvérsia que subjaz a essa questão diz respeito à possibilidade de leis ordinárias estaduais e municipais estarem sujeitas ao preceito. O Supremo Tribunal Federal, como já exposto, rejeitou por maioria tal hipótese na ADI 733 (BRASIL, 1995), consubstanciado na assertiva de que leis estaduais e municipais não interferem no processo eleitoral, por não tratarem de direito eleitoral, uma vez que direito eleitoral é matéria de competência privativa da União.

No que toca às leis complementares, igualmente se encontram, a teor da jurisprudência do Supremo Tribunal Federal, sob o âmbito de incidência do princípio da anualidade eleitoral, rejeitando-se, assim, interpretação restritiva do vocábulo lei. É o que se infere do já citado julgamento do RE 633.703 (BRASIL, 2011).

Ressalte-se, não obstante, que durante a constituinte houve proposta para que o princípio da anualidade fizesse menção expressa à "lei complementar ou ordinária" (BRASIL, 1987).

A proposta não se baseou na possibilidade de compreender "lei" sob enfoque restrito, entendido apenas como lei ordinária. Pelo contrário, visava-se impedir interpretação mais ampla do vocábulo "lei", para que nele não restassem compreendidas as emendas constitucionais. Na oportunidade, o constituinte Egídio Ferreira Lima propôs que o princípio da anualidade se referisse "expressamente à lei complementar ou ordinária, excluindo a norma constitucional", entendendo o legislador constituinte que "da maneira que se encontra, o texto alcançaria também a norma constitucional, o que não é razoável, não é correto." (BRASIL, 1987).

Não obstante, desde sua redação original, foi adotada no dispositivo a expressão "lei", genericamente. Por essa razão, ao interpretá-la, e baseado, sobretudo, na visão de que o princípio da anualidade seria uma proteção contra a ação do Poder Legislativo, o Supremo Tribunal Federal no julgamento da ADI 3685 não opôs dificuldade em compreender que "em termos de impacto no contexto dinâmico de uma eleição que se aproxima, tanto faz que a alteração se dê por emenda, lei complementar ou lei ordinária". (BRASIL, 2006a)

Conquanto em relação às leis ordinárias e leis complementares a questão se apresente mais simples, a aplicação do princípio da anualidade às emendas constitucionais contém um ingrediente complicador.

Isso porque, a menos que se admita a existência de hierarquia entre normas constitucionais, a positivação, por emenda constitucional, de disposições constitucionais que interfiram no processo eleitoral não importaria em contrariedade à própria Constituição, na medida em que a emenda modificadora gozaria do mesmo status do princípio da anualidade eleitoral.

A existência de normas constitucionais com diferentes graus hierárquicos, cumpre ressaltar, não é de todo estranha à doutrina do constitucionalismo, valendo citar, nesse tocante, a lição de Otto Bachof

> Contudo, poderia suceder que uma norma constitucional de significado secundário, nomeadamente uma norma só formalmente constitucional, fosse de encontro a um preceito material fundamental da Constituição: ora, o fato é que por constitucionalistas tão ilustres como Kruger e Giese foi defendida a opinião de que, no caso de semelhante contradição, a norma constitucional de grau inferior seria inconstitucional e inválida. (BACHOF apud ESTRELLA, 2004, p. 52-53)

Todavia, essa não tem sido a compreensão adotada no Brasil, que inadmite diferença de peso ou valor às disposições constitucionais, que se apresentam, independentemente de seu conteúdo, em pé de igualdade, inexistindo norma constitucional de grau superior ou de grau inferior.

É o que se infere do que foi decidido no julgamento, pelo Supremo Tribunal Federal, da ADI 815:

> As cláusulas pétreas não podem ser invocadas para sustentação da tese da inconstitucionalidade de normas constitucionais inferiores em face de normas constitucionais superiores, porquanto a Constituição as prevê apenas como limites ao poder constituinte derivado ao rever ou ao emendar a Constituição elaborada pelo poder constituinte originário, e não como abarcando normas cuja observância se impôs ao próprio poder constituinte originário com relação as outras que não sejam consideradas como cláusulas pétreas, e, portanto, possam ser emendadas. (BRASIL, 1996)

Essa concepção, repudiando a existência de hierarquia interna entre normas constitucionais, se estende às disposições introduzidas por emendas constitucionais que, conquanto não integrantes do texto constitucional original, são derivadas de poder de reforma

concedido pela própria Constituição, e a ela se agregam com igual peso e valor, desde que editadas segundo limites estabelecidos também no texto constitucional.

Não se apresentam, assim, e simplesmente por serem resultantes de emendas, como normas constitucionais subalternas, ou de segundo escalão.

Em outras palavras, excetuada a hipótese de emendas constitucionais editadas em desconformidade com os limites formais e materiais estabelecidos na Constituição, não se concebe a existência de normas constitucionais inconstitucionais.

Sob tal ótica, emenda constitucional que alterasse o processo eleitoral se apresentaria, diante do art. 16 da Constituição de 1988, como norma revogadora do preceito da anualidade, ou como norma especial em relação a ele, apresentando-se, portanto, como simples exceção ao princípio da anualidade eleitoral.

Assim, emenda constitucional que modificasse o processo eleitoral a princípio poderia ter aplicação ainda que editada no ano da eleição, não sofrendo qualquer embaraço da limitação imposta pelo art. 16 da Constituição de 1988.

Tal circunstância somente poderia ser impedida em caso de descumprimento, pela emenda constitucional, dos limites formais do poder de reforma da Constituição, notadamente no que concerne ao processo legislativo do tipo especial para a sua edição, ou, então, por violação às cláusulas pétreas, estabelecidas no art. 60 da Constituição de 1988, e que se apresentam como limites materiais de reforma do texto constitucional.

Ocorre que foi justamente esse o raciocínio trilhado pelo Supremo Tribunal Federal quando se deparou com emendas constitucionais alterando o processo eleitoral dentro do marco temporal restritivo estabelecido pelo princípio da anualidade eleitoral.

Com efeito, nos julgamentos da ADI 3685 (BRASIL, 2006a) e da ADI 4307 (BRASIL, 2013) o Supremo Tribunal Federal construiu um amplo sentido para o princípio da anualidade eleitoral, concebendo-o como uma garantia fundamental para eleitores, candidatos e partidos, objetivando pleno exercício de direitos políticos, espécie de direito fundamental. O princípio da anualidade, de acordo com tal construção, estaria inserido entre as hipóteses de limitação às próprias emendas constitucionais, devendo ser reputado como parte de um devido processo eleitoral e, assim, como cláusula pétrea.

Nesse sentido a lição de Gilmar Mendes

> O pleno exercício de direitos políticos por seus titulares (eleitores, candidatos e partidos) é assegurado pela Constituição por meio de um sistema de normas que conformam o que se poderia denominar de devido processo legal eleitoral. Na medida em que estabelecem as garantias fundamentais para a efetividade dos direitos políticos, essas regras também compõem o rol das normas denominadas cláusulas pétreas e, por isso, estão imunes a qualquer reforma que vise a aboli-las.
>
> O art. 16 da Constituição, ao submeter a alteração legal do processo eleitoral à regra da anualidade, constitui uma garantia fundamental para o pleno exercício de direitos políticos. (MENDES, G., 2014, p. 715)

Todavia, a adoção do princípio da anualidade eleitoral como cláusula pétrea não passou livre de críticas no próprio Supremo Tribunal Federal, posicionando-se o ministro Eros Grau no sentido de que a emenda constitucional que alterasse o processo eleitoral não apenas poderia ser aplicada a despeito do que dispõe o princípio da anualidade eleitoral, como "uma emenda constitucional poderia inclusive e até mesmo ter revogado o preceito veiculado por esse artigo 16". (BRASIL, 2006a)

Não obstante, formou-se no julgamento da ADI 3685 (BRASIL, 2006a)[6] ampla maioria no sentido de se conceber o princípio da anualidade como cláusula pétrea, vencidos os ministros Eros Grau e Sepúlveda Pertence.

Assim, sob a perspectiva da legislação, enquanto ato emanado do Poder Legislativo, parece não haver dissenso no sentido de que o vocábulo "lei", contido no texto do art. 16 da Constituição de 1988, deve ser interpretado de forma ampla, "para abranger a lei ordinária, a lei complementar, a emenda constitucional e qualquer espécie normativa de caráter autônomo, geral e abstrato, emanada do Congresso Nacional". (MENDES, G., 2014, p. 711)

4.4.2 O princípio da anualidade e resoluções do Tribunal Superior Eleitoral

Por duas vezes (ADI 2628 e ADI 3345), o Supremo Tribunal Federal esteve diante de contestação, em sede de controle abstrato de constitucionalidade, de resoluções do Tribunal Superior Eleitoral que alegadamente teriam modificado o processo eleitoral, sem que, alegavam os representantes, tivesse aquela Corte eleitoral atentado para o princípio da anualidade eleitoral na edição do ato normativo.

Nos dois casos, esteve em discussão a natureza das resoluções do Tribunal Superior Eleitoral, se consistiriam em ato normativo primário ou ato normativo secundário, compreendendo-se apenas o primeiro tipo como passível de sofrer a incidência do art. 16 da Constituição de 1988.

A esse respeito, cumpre fazer algumas colocações.

O direito eleitoral encontra regulação em multiplicidade de normas, de diferentes níveis de hierarquia e provenientes de diversas fontes.

Enquanto normas jurídicas, tais regulações atendem ao princípio da hierarquia e ao princípio da competência.

---

[6] Trecho da ementa: 4. Enquanto o art. 150, III, b, da CF encerra garantia individual do contribuinte (ADI 939, rel. Min. Sydney Sanches, DJ 18.03.94), o art. 16 representa garantia individual do cidadão-eleitor, detentor originário do poder exercido pelos representantes eleitos e "a quem assiste o direito de receber, do Estado, o necessário grau de segurança e de certeza jurídicas contra alterações abruptas das regras inerentes à disputa eleitoral" (ADI 3.345, rel. Min. Celso de Mello). 5. Além de o referido princípio conter, em si mesmo, elementos que o caracterizam como uma garantia fundamental oponível até mesmo à atividade do legislador constituinte derivado, nos termos dos arts. 5º, § 2º, e 60, § 4º, IV, a burla ao que contido no art. 16 ainda afronta os direitos individuais da segurança jurídica (CF, art. 5º, caput) e do devido processo legal (CF, art. 5º, LIV). (BRASIL, 2006a)

O princípio da hierarquia, de acordo com Canotilho (2003), estabelece a indeclinável função ordenadora do direito, em razão da existência de pluralidade de normas. Tal princípio pressupõe a existência de uma norma superior a todas as demais, que se afirma e estabelece a ordem hierárquica entre os demais atos normativos inseridos no sistema normativo.

Tratando-se de Estado Constitucional de Direito, o papel dessa norma superior cabe à Constituição, que ocupa a posição de máxima supremacia em relação às demais normas, desenhando, ainda, a relação hierárquica entre os atos normativos infraconstitucionais.

Ensina o constitucionalista português (CANOTILHO, 2003) que do princípio da hierarquia decorre:

– preeminência e/ou superioridade dos atos legislativos em relação aos atos regulamentares;

– tendência de paridade ou igualdade entre as mesmas espécies normativas, permitindo que tais disposições se interpretem, suspendam ou revoguem reciprocamente;

– inderrogabilidade de norma de grau superior por norma de menor hierarquia;

– inaplicabilidade de normas inferiores que se apresentem contrárias a normas que lhes são superiores, havendo uma preferência de validade e de aplicação a favor da norma superior.

Por outro lado, a pluralidade de normas e a necessidade de sua ordenação não se restringem à definição de uma escala hierárquica, existindo ainda um critério de divisão espacial de competências, à qual Canotilho (2003) chama de princípio da competência.

De acordo com o autor, enquanto o princípio hierárquico estabelece um limite negativo dos atos normativos superiores em relação aos inferiores, o princípio da competência pressupõe uma delimitação positiva, que consiste na atribuição a determinados órgãos e entidades da competência regulatória de determinadas matérias.

A Constituição de 1988, seguindo essa mesma lógica, estabelece critérios de hierarquia e de competência para a edição de atos normativos.

O critério hierárquico é definido na Constituição de 1988 pela adoção do princípio da legalidade, conforme disposição do art. 5, II, e que estabelece o primado da lei como fonte dos mandamentos imperativos a que se sujeitam os indivíduos, a sociedade e o próprio Estado.

Dessa concepção decorre a lei como ato de vontade estatal juridicamente mais forte, prevalecendo sobre todas as demais formas institucionais de manifestação do poder estatal, bem como sobre todas as demais normas de ordem jurídica de natureza infraconstitucional.

Nesse contexto, as leis editadas pelo Poder Legislativo assumem o papel de disposições normativas primárias, o que significa que se colocam como normas imediatas em relação às normas fundantes (vale dizer, às normas constitucionais). Enquanto normas primárias, desde que observem a disciplina constitucional, não se encontram limitadas em seu alcance e conteúdo, podendo cumprir o seu objetivo de emitir mandamentos e prescrições com ampla liberdade.

A ressalva, evidentemente, refere-se apenas às normas constitucionais, que têm prevalência sobre a lei e limitam o próprio exercício da própria função legislativa, quer quanto ao devido processo legislativo de elaboração das leis, quer quanto ao conteúdo material das disposições constitucionais, em relação ao qual as leis devem respeito e obediência. (CANOTILHO, 2003).

Por outro lado, a lei não exaure a disciplina normativa estatal de natureza infraconstitucional, e a própria Constituição admite e prevê a edição de outras espécies normativas que, não obstante não se adequem ao conceito formal de lei, podem ser reputadas normas jurídicas primárias.

Nesse ponto, e como a Constituição de 1988 deve ser a fonte de toda a norma jurídica válida, a identificação de outras espécies normativas de índole primária geralmente passa pela leitura de competências delimitadas no texto constitucional.

São exemplos de espécies normativas primárias na Constituição de 1988, distintas da lei, as resoluções do Senado Federal (art. 52, VII, VIII e IX e art. 155, § 2, V, alíneas a e b), as medidas provisórias (art. 62), o decreto autônomo (art. 84, VI, a) e o regimento internos dos tribunais (art. 96, I, alínea a da Constituição Federal).

Essas espécies normativas, por serem, assim como a lei, atos normativos primários, teriam capacidade, tal como a lei, de inovar no ordenamento jurídico.

O poder regulamentar do Tribunal Superior Eleitoral, por outro lado, não encontra disciplina expressa no texto constitucional, mas em disposições legais, mais especificamente no art. 1 e art. 23, IX, do Código Eleitoral (Lei n. 4737/65) e no art. 105 da Lei n. 9504/97.

Isso permitiria concluir que as resoluções do Tribunal Superior Eleitoral seriam atos normativos secundários, sem capacidade, portanto, de inovar no ordenamento jurídico, tendo seu alcance e conteúdo limitados à regulamentação do ato normativo primário de onde retiram sua validade.

De acordo com tal lógica, as resoluções do Tribunal Superior Eleitoral não poderiam modificar o processo eleitoral, já que nada acresceriam, de forma inovadora, ao ordenamento das eleições, razão pela qual a elas não se aplicariam o princípio da anualidade.

Esse raciocínio foi percorrido pelo Supremo Tribunal Federal nos dois julgamentos já citados (ADI 2628[7] e ADI 3345).

É também o posicionamento de Eneida Desiree Salgado que, analisando o disposto no art. 16 da Constituição, pontuou que o dispositivo "dirige-se ao Poder Legislativo porque apenas ao Parlamento é dado inovar na ordem jurídica eleitoral" (2010, p. 290).

No entanto, e conforme será exposto no próximo capítulo, parece-nos que as resoluções do Tribunal Superior Eleitoral, em algumas circunstâncias, têm a capacidade de modificar o processo eleitoral e, ao fazê-lo, deve se sujeitar ao art. 16 da Constituição de 1988.

---

7 EMENTA: AÇÃO DIRETA DE INCONSTITUCIONALIDADE. PARÁGRAFO 1º DO ARTIGO 4º DA INSTRUÇÃO Nº 55, APROVADA PELA RESOLUÇÃO Nº 20.993, DE 26.02.2002, DO TRIBUNAL SUPERIOR ELEITORAL. ART. 6º DA LEI Nº 9.504/97. ELEIÇÕES DE 2002. COLIGAÇÃO PARTIDÁRIA. ALEGAÇÃO DE OFENSA AOS ARTIGOS 5º, II E LIV, 16, 17, § 1º, 22, I E 48, CAPUT, DA CONSTITUIÇÃO FEDERAL. ATO NORMATIVO SECUNDÁRIO. VIOLAÇÃO INDIRETA. IMPOSSIBILIDADE DO CONTRLE ABSTRATO DE CONSTITUCIONALIDADE. Tendo sido o dispositivo impugnado fruto de resposta à consulta regularmente formulada por parlamentares no objetivo de esclarecer o disciplinamento das coligações tal como previsto pela Lei 9.504/97 em seu art. 6º, o objeto da ação consiste, inegavelmente, em ato de interpretação. Saber se esta interpretação excedeu ou não os limites da norma que visava integrar, exigiria, necessariamente, o seu confronto com esta regra, e a Casa tem rechaçado as tentativas de submeter ao controle concentrado o de legalidade do poder regulamentar. Precedentes: ADI nº 2.243, Rel. Min. Marco Aurélio, ADI nº 1.900, Rel. Min. Moreira Alves, ADI nº 147, Rel. Min. Carlos Madeira. Por outro lado, nenhum dispositivo da Constituição Federal se ocupa diretamente de coligações partidárias ou estabelece o âmbito das circunscrições em que se disputam os pleitos eleitorais, exatamente, os dois pontos que levaram à interpretação pelo TSE. Sendo assim, não há como vislumbrar, ofensa direta a qualquer dos dispositivos constitucionais invocados. Ação direta não conhecida. Decisão por maioria. (BRASIL, 2004c)

5
O PRINCÍPIO DA ANUALIDADE ELEITORAL E OS ATOS JUDICIAIS

Como exposto em partes anteriores deste trabalho, a impossibilidade de pleno exercício da democracia direta nos Estados modernos levou à necessidade da adoção da atual modalidade de representação política do cidadão, por escolha de representantes eleitos.

Nesse contexto, surge com especial relevo a necessidade de estabelecimento de um procedimento legitimador da representação política: o processo eleitoral.

No Brasil, tem-se um sistema complexo, em que a principal fonte de ordenação desse procedimento – a lei – está nas mãos dos próprios representados, ao passo que a condução do procedimento em si está nas mãos dos juízes, que não exercem representação política através do sufrágio.

Organizada como ramo especializado do Poder Judiciário, a Justiça Eleitoral tem natureza peculiar, pois, além de presidir as eleições, é dotada de função normativa e consultiva.

À função normativa e consultiva se soma ainda o crescente protagonismo do Poder Judiciário, notadamente dos Tribunais Superiores que, no exercício de sua função típica – a jurisdição –, avançam cada vez mais no debate de matérias antes confinadas ao âmbito das discussões políticas, precipuamente no seio do Poder Legislativo.

Nesse contexto, a abrupta mudança da interpretação da lei pela Poder Judiciário, e em especial, pela Justiça Eleitoral, seja editando resoluções, respondendo a consultas, ou mesmo modificando sua jurisprudência, exerce enorme influência no quadro normativo que rege o processo eleitoral.

É dentro dessa perspectiva que surge a indagação objeto central da presente obra, relacionado ao âmbito de proteção do princípio da anualidade eleitoral.

Destinado a conferir estabilização do quadro normativo que rege o processo eleitoral, o princípio em questão, positivado no art. 16 da Constituição de 1988, preconiza que a lei que alterar o processo eleitoral entrará em vigor na data de sua publicação, não se aplicando à eleição que se realize até um ano da data da sua vigência.

Embora em termos literais o princípio da anualidade seja dirigido ao Poder Legislativo da União, a necessidade de se assegurar a normalidade e a legitimidade do processo eleitoral, garantindo igualdade de chances e segurança jurídica aos seus partícipes – o cidadão-eleitor, o cidadão-candidato e as agremiações partidárias – coloca em evidência o âmbito de proteção da norma: é ele restrito ao Poder Legislativo e ao processo legislativo formal? Ou alcança também o Poder Judiciário, notadamente a Justiça Eleitoral, quando, no exercício de suas atribuições, promove modificações na interpretação dos preceitos constitucionais e legais que dizem respeito ao processo eleitoral?

Nos tópicos seguintes, buscar-se-á demonstrar, por meio de casos, como a modificação da interpretação da legislação de regência do processo eleitoral pode, tal como a ação do próprio legislador, alterar de forma significativa o processo eleitoral.

Em seguida, será exposto como tal questão vem sendo enfrentada e vem se desenvolvendo no âmbito da jurisprudência, notadamente do Supremo Tribunal Federal, desde a gestação inicial da ideia de aplicação do princípio da anualidade eleitoral às decisões do Poder Judiciário, até a incorporação definitiva dessa premissa em voto vencedor proferido no julgamento do RE 637.485 (BRASIL, 2013b) e, mais recentemente, na Resolução TSE n. 23.472 de 26 de abril de 2016.

Desenvolve-se, ainda, a ideia do princípio da anualidade eleitoral sob perspectiva ampliada, vale dizer, como garantia também contras as modificações do processo eleitoral pelo Poder Judiciário, delimitando os possíveis critérios para a aplicação do preceito aos atos judiciais.

5.1 A ação do Poder Judiciário e sua repercussão no regime jurídico das eleições

A dinâmica de atuação da lei sobre as relações sociais, e em verdade a própria conceituação de lei como ato normativo primário, indica que tal espécie de ato estatal é não apenas passível de modificar a realidade social, como verdadeiramente se presta, ou ambiciona, precipuamente a isso.

A característica mais marcante das leis, apontada por grande parte da doutrina, é a sua potencialidade para inovar na ordem jurídica, buscando conformar de forma nova as relações sociais, possibilitando, criando ou estabelecendo novas relações jurídicas. Enfim, interagindo com o estado das coisas, buscando alterar a realidade, tudo de acordo com uma nova normatividade por ela inaugurada.

Assim, parece fora de dúvida que a ação do legislador é hábil a modificar o processo eleitoral. A seguir, apresentam-se exemplos eloquentes dessa afirmação.

Em todas as eleições anteriores a 2012, determinado candidato, mesmo já tendo cometido grave infração ético-profissional, e tendo cassada sua habilitação legal para o exercício de profissão regulamentada, poderia se candidatar, e muito provavelmente não teria seu registro de candidatura indeferido em razão da punição antes sofrida. Se era médico, não poderia mais clinicar; se era advogado, não poderia mais advogar. Mas poderia ser Vereador ou Presidente da República.

No exemplo acima, objetivando disputar a eleição de 2008, o candidato muito provavelmente não teria seu registro de candidatura indeferido ou mesmo impugnado pela perda da habilitação profissional. É quase certo que ele próprio não deixasse de lançar sua candidatura em razão da condenação sofrida no Conselho Federal de Medicina ou na Ordem dos Advogados do Brasil. Seus adversários políticos ou o Ministério Público possivelmente não impugnariam seu registro por tal fundamento. Talvez seus adversários fossem ao fórum buscar informações sobre condenações criminais sofridas pelo candidato, objetivando impugnar seu registro de candidatura. Mas dificilmente iriam ao Conselho Federal de Medicina ou à Ordem dos Advogados do Brasil com igual propósito. O juiz eleitoral deferiria o registro de candidatura sem que nunca sequer se discutisse a condenação sofrida pelo candidato no órgão profissional.

Entretanto, o mesmo caso, sob as mesmas circunstâncias, transposto para 2012, provavelmente teria desfecho distinto. O candidato, antes indiferente à punição recebida pelo órgão profissional, atentaria ele próprio para tal circunstância, que lhe parecia um risco para suas ambições políticas. Teria receio ou dúvida em se candidatar. Talvez seu partido também teria receio de lhe conceder a legenda para tentar a disputa eleitoral. Caso registrasse sua candidatura, muito provavelmente a teria impugnada. Seus adversários impugnariam seu registro, ou levariam o fato ao conhecimento do Ministério Público ou do juiz eleitoral. O juiz eleitoral possivelmente indeferiria o registro do candidato, invocando a condenação sofrida pelo candidato no órgão profissional.

Excetuado o aspecto temporal, a situação sob o prisma fático é a mesma. Em 2008, a punição disciplinar era um indiferente jurídico. O candidato poderia registrar candidatura, concorrer, ser eleito, diplomado e empossado sem que sequer a punição disciplinar fosse tomada como um fato a ser considerado no registro de candidatura e no processo eleitoral. Em 2012, não mais. O candidato, seus adversários, o Ministério Público e o juiz eleitoral considerariam a punição disciplinar como fato de extrema importância para o registro de candidatura e para o processo eleitoral.

O que alterou significativamente o desfecho do caso de 2012 em relação ao caso de 2008 foi a ação do legislador. Com a edição da Lei Complementar n. 135/2010, passaram a ser inelegíveis aqueles que forem excluídos do exercício da profissão, por decisão sancionatória do órgão profissional competente, em decorrência de infração ético- profissional.

A ação do legislador introduziu um novo referencial jurídico (CASTRO FILHO, 2012) para os atores do processo eleitoral. Em razão dele, foram geradas interpretações. A punição ético-disciplinar, antes um indiferente jurídico para o registro de candidatura, passou a ser interpretada e reputada como fato com toda significação jurídica para o processo eleitoral.

Antes da ação do legislador, a punição ético-disciplinar talvez sequer fosse contemplada pelos atores do processo eleitoral na interpretação jurídica empreendida sobre a situação do candidato. Passou a sê-lo. Modificou-se o contexto de referenciais jurídicos que regulam o processo eleitoral, por iniciativa do legislador. A lei nova introduziu uma variável que alterou as interpretações dos atores do processo eleitoral.

Todavia, tal espécie de modificação não decorre apenas da ação do legislador, pelo óbvio motivo de que a lei, conquanto ofereça ao intérprete referenciais e determinabilidade, não é em si mesma o estado de certeza sobre o direito e, tampouco, confere soluções matematicamente previsíveis para as questões que se põem perante o intérprete. Fosse assim, as leis seriam aplicadas por si mesmas, e os tribunais seriam supérfluos. (MARX, apud GRAU, 2013, p. 20)

Logo, parece uma realidade que a interpretação jurídica se altera sem que tenha havido qualquer mudança nos textos legais, e não é diferente no que toca ao direito eleitoral e ao processo eleitoral.

A modificação da interpretação jurídica sobre normas que regem o processo eleitoral, sem prévia intervenção do legislador, é um fenômeno recorrente nas eleições brasileiras, seja através de modificação da jurisprudência, resposta a consultas, ou edição de resoluções pelo Tribunal Superior Eleitoral.

Tal fato tem se dado mesmo no curso do ano da eleição, alterando-se a dinâmica regulatória do processo eleitoral, por ação do Poder Judiciário, quando já iniciado o processo eleitoral. Alguns casos serão citados a seguir.

Para as eleições de 2002, o Tribunal Superior Eleitoral editou a Resolução n. 20.993/2002a, por meio da qual se atribuiu o conteúdo normativo à Consulta n. 715, de 26 de fevereiro de 2002b, fixando regras de "verticalização" para as coligações partidárias.

No episódio, conhecido como "verticalização das coligações partidárias", o Tribunal Superior Eleitoral fixou orientação no sentido de que

> os partidos políticos que ajustarem coligação para eleição de presidente da República não poderão formar coligações para eleição de governador de estado ou do Distrito Federal, senador, deputado federal e deputado estadual ou distrital com outros partidos políticos que tenham, isoladamente ou em aliança diversa, lançado candidato à eleição presidencial. (BRASIL, 2002b)

Em 2004, foi editada pelo Tribunal Superior Eleitoral a Resolução n. 21.702, de 06 de abril de 2004a, aplicada ao pleito daquele ano. Por meio dessa resolução, foi estabelecido critério de proporcionalidade entre o número de vereadores e a população dos Municípios brasileiros, o que levou à redução de mais de 8.500 (oito mil e quinhentos) cargos de vereador em todo o país.

Previamente, por ocasião do julgamento do RE n. 197.917/SP (BRASIL, 2004b), o Supremo Tribunal Federal havia declarado a inconstitucionalidade de dispositivo da Lei Orgânica Municipal de Mira Estrela/SP, que fixava em 11 (onze) o número de vereadores que compunham a Câmara Municipal. Com fundamento no art. 29, IV, da Constituição, o número foi reputado excessivo para aquele município, de pouco mais de 2.500 (dois mil e quinhentos) habitantes, compreendendo o Supremo Tribunal Federal que o número de cadeiras no Poder Legislativo Municipal deveria guardar uma relação de proporcionalidade com a população e que, por isso, deveria ser reduzido ao mínimo previsto na Constituição de 1988, ou seja, 9 (nove) vereadores.

A decisão do Supremo Tribunal Federal, embora proferida no julgamento de caso individual, produzindo, portanto, efeito apenas *inter partes*, inspirou o Tribunal Superior Eleitoral a editar a Resolução n. 21.702, de 06 de abril de 2004, fixando critérios objetivos de proporcionalidade entre o número de cadeiras/população a serem observados em todo o país, determinando a observância desses critérios já nas eleições de 2004 para todos os municípios brasileiros.

Esses dois casos, ocorridos nos pleitos de 2002 e 2004, decorreram de mudanças provenientes do exercício da função consultiva e normativa da Justiça Eleitoral, respectivamente.

Relativamente às modificações de interpretação decorrentes do exercício da função jurisdicional é possível também citar diversos casos, tal como, relativamente às eleições de 2008, a análise da vida pregressa de candidatos por ocasião dos registros de candidatura, impedindo-se de concorrer aqueles que fossem réus em ações penais ou de improbidade administrativa.

Em 20 de junho de 2008, os Presidentes dos Tribunais Regionais Eleitorais, em reunião colegiada, realizada na cidade do Rio de Janeiro, divulgaram a "Carta do Rio de Janeiro", por meio da qual deliberaram "reafirmar a necessidade de a Justiça Eleitoral considerar a vida pregressa dos candidatos a Prefeito, Vice-Prefeito e Vereador nas próximas eleições" o que deveria ser feito "quando da apreciação do pedido de deferimento do registro da candidatura, para proteger e efetivar, previamente, a probidade administrativa e a moralidade pública no exercício do mandato eletivo."

O episódio levou ao indeferimento de registros de candidaturas por juízes eleitorais de todo o país, em grande escala, sob a alegação de inelegibilidade por vida pregressa, fundada na existência de processos judiciais contra a pessoa dos candidatos – notadamente ações criminais e de improbidade, e independentemente de sentença condenatória transitada em julgado. O fundamento invocado foi o de autoaplicabilidade da exigência constitucional de moralidade e probidade para exercício do mandato eletivo (art. 14, § 9, da Constituição de 1988), a despeito da Súmula 13 do TSE, editada em 1996, estabelecer que "não é auto- aplicável o § 9, art. 14, da Constituição, com a redação da Emenda Constitucional de Revisão n. 4/94."

Posteriormente, na Arguição de Descumprimento de Preceito Fundamental n. 144/DF (BRASIL, 2010d), ajuizada e julgada às pressas, o Supremo Tribunal Federal reafirmou a interpretação de que as hipóteses de inelegibilidade decorrentes da vida pregressa do cidadão deveriam ser disciplinadas por lei complementar.[1]

Também em 2008, notabilizou-se o caso dos indeferimentos de registros de candidatura dos chamados "prefeitos itinerantes". A expressão "prefeito itinerante" foi atribuída a casos de candidatos que exerceram, ou postularam exercer, mais de dois mandatos consecutivos em municípios distintos. Alterando interpretação sobre o disposto no art. 14, §5 da Constituição, o Tribunal Superior Eleitoral passou a entender que o cidadão que já exerceu dois mandatos consecutivos de prefeito, ou seja, foi eleito e reeleito, fica inelegível para um terceiro mandato, ainda que seja em município diferente.

Relativamente às eleições de 2010 e 2012, grassaram casos de indeferimentos de registros de candidatura, por ausência de quitação eleitoral, decorrente da rejeição da prestação de contas de campanhas pretéritas.

A questão envolveu controvérsia sobre os efeitos da rejeição de contas de campanha para fins de obtenção de certidão de quitação eleitoral, necessária para o registro de candidatura. Juízes eleitorais e Tribunais Regionais Eleitorais indeferiram registros de candidaturas sob o fundamento de que somente a aprovação das contas possibilitaria a obtenção de certidão de quitação eleitoral, razão pela qual a rejeição de contas de campanha impossibilitaria a obtenção da certidão. Rompeu-se com a interpretação segundo a qual apenas a omissão do dever de prestar contas (ou seja, a não prestação de contas) seria impeditivo da obtenção de quitação eleitoral.

Essa oscilação interpretativa ocorreu tanto em 2010 quanto em 2012.

Em 2012, a insegurança gerada com a alternância interpretativa teve como ápice a edição da Resolução 23.376/2012b, pelo Tribunal Superior Eleitoral, na qual se previu expressamente, no § 2 do art. 52, que "a decisão que desaprovar

---

1 Trecho da ementa do julgado: HIPÓTESES DE INELEGIBILIDADE - ENUMERAÇÃO EM ÂMBITO CONSTITUCIONAL (CF, ART. 14, §§ 4º A 8º) - RECONHECIMENTO, NO ENTANTO, DA FACULDADE DE O CONGRESSO NACIONAL, EM SEDE LEGAL, DEFINIR "OUTROS CASOS DE INELEGIBILIDADE" - NECESSÁRIA OBSERVÂNCIA, EM TAL SITUAÇÃO, DA RESERVA CONSTITUCIONAL DE LEI COMPLEMENTAR (CF, ART. 14, § 9º) (BRASIL, 2010d)

as contas de candidato implicará o impedimento de obter a certidão de quitação eleitoral." Alguns meses depois, o próprio Tribunal Superior Eleitoral revogou o § 2 do art. 52 da Resolução 23.376/2012b e voltou a adotar a interpretação segundo a qual apenas a não prestação de contas impediria a obtenção de quitação eleitoral.

Todos esses casos têm em comum uma alteração do paradigma interpretativo de normas relacionadas ao processo eleitoral, com profundas modificações na sua aplicação durante as eleições, sem que, para isso, tenha concorrido sob qualquer forma o legislador formal.

Nos casos citados, a modificação da interpretação decorreu de reinterpretação dos seguintes dispositivos pelo Poder Judiciário: verticalização das coligações partidárias: art. 6, *caput,* da Lei n. 9.504/97; limitação numérica de vereadores proporcionalmente à população local: art. 29, IV, da Constituição de 1988; inelegibilidade pela vida pregressa do candidato: art. 14, §9, da Constituição de 1988; prefeito itinerante: art. 14, § 5 da Constituição de 1988; ausência de quitação eleitoral decorrente da rejeição de prestação de contas de campanha: art. 11, §7, da Lei n. 9.504/97, com a redação dada pela Lei n. 12.034/2009d.

Cabe ressaltar que referidos dispositivos legais não sofreram qualquer alteração textual, razão pela qual a interpretação jurídica concernente a essas questões – e consequentemente quanto à regulação do processo eleitoral que rege as situações abrangidas por todos esses casos – foi modificada sem qualquer ação do legislador, partindo, exclusivamente, de novas interpretações dos mesmos preceitos legais pelo Poder Judiciário, seja por meio da função consultiva, regulamentar ou jurisdicional da Justiça Eleitoral.

Voltemos agora ao caso do candidato punido por ilícito ético-disciplinar que, no exemplo dado, concorreu em 2008 sem embaraço e que, em 2012, não poderia concorrer em face da nova disposição introduzida pela Lei Complementar n. 135/2010.

Em 2010, ele poderia concorrer? Em razão do princípio da anualidade eleitoral, muitas vozes diriam que sim. O Supremo Tribunal Federal disse que sim, com eficácia *erga omnes* e efeito vinculante, ao julgar a ADC n. 29 (BRASIL, 2012), decretando a "inaplicabilidade das hipóteses de inelegibilidade às eleições de 2010 e anteriores, bem como para os mandatos em curso, à luz do disposto no art. 16 da Constituição." (BRASIL, 2010b). O fundamento é evidente: a Lei Complementar n. 135/2010 foi publicada no ano da eleição. Não poderia ser aplicada à eleição de 2010, eis que essa foi realizada em período inferior a um ano da data da vigência da nova lei.

Agora, imagine-se que a Lei Complementar n. 135/2010 nunca houvesse sido editada. O candidato, tendo sofrido punição ético-disciplinar, concorreu em 2008. A perda da habilitação profissional não se lhe apresentou como óbice, face ao quadro normativo do processo eleitoral. Os demais atores do processo eleitoral, nas suas próprias interpretações jurídicas, não viam impedimento algum à candidatura. Os adversários e o Ministério Público não impugnaram. O juiz eleitoral deferiu o registro de candidatura, porque nenhum referencial jurídico indicava a inelegibilidade do candidato.

Passados apenas 2 (dois) anos, em 2010, o candidato apresenta novamente o registro de candidatura. O Ministério Público, sabedor da penalidade ético-disciplinar sofrida pelo candidato, argui a sua inelegibilidade em ação de impugnação de registro de candidatura. O candidato se defende e afirma a inexistência de lei qualificando a penalidade como hipótese de inelegibilidade. Relembre-se que, nesta hipótese imaginária, a Lei Complementar n. 135/2010 nunca fora editada. O juiz eleitoral, diante da necessidade de proferir decisão, interpreta que o candidato é inelegível. Afirma que a punição sofrida pelo candidato é de fato grave, "tanto que inabilitado para o exercício de atividade profissional. O que se dirá, então, do exercício de cargo público? A Constituição de 1988 exige probidade dos representantes no exercício dos mandatos, às normas constitucionais deve se dar a máxima efetividade, razão pela qual não pode ser a lei maior mera folha de papel, para usar a expressão de Lassale (2004)." Afirmando tudo isso, o juiz eleitoral indefere o registro de candidatura.

Nessa hipótese, o complexo de textos legais que regulam o processo eleitoral era rigorosamente o mesmo em 2008 e 2010. Por isso, não aplicou o juiz eleitoral a disposição do art. 16 da Constituição de 1988. "Afinal, não houve alteração legislativa", diria o magistrado.

Essa é uma solução possível para o caso. Todavia, tal perspectiva ignora que, não obstante estático o texto, alterou-se a interpretação jurídica da regulação do processo eleitoral, estabelecendo-se nova norma, aplicável ao caso, a partir dos mesmos referenciais jurídicos, com severas repercussões para o processo eleitoral. O direito mudou, mas o processo eleitoral não foi protegido dessa mudança.

Assim, parece ser possível concluir que o quadro normativo que regula o processo eleitoral pode ser modificado por ação do legislador ou do juiz.

No entanto, de acordo com uma perspectiva restritiva do princípio da anualidade eleitoral, o candidato não poderia sofrer qualquer restrição aos seus direitos políticos, caso decorressem de vontade expressa pelo legislador. Mas não haveria problema algum, se igual restrição decorresse de mera reinterpretação dos mesmos textos legais pelo juiz.

O indivíduo estaria protegido da casuística do legislador que, ao editar novas leis, informa novas interpretações, gerando novas normas, que repercutem no processo eleitoral; mas não estaria o indivíduo protegido da casuística do juiz que, ao reinterpretar as mesmas leis, promovendo novas interpretações, estabelece novas normas, que igualmente repercutem no processo eleitoral.

5.2 A evolução da aplicação do art. 16 da Constituição às decisões judiciais na jurisprudência do Supremo Tribunal Federal

A constatação de que a disciplina do processo eleitoral pode ser alterada sem que se alterem formalmente as leis revela uma questão difícil, quando se pensa a anualidade eleitoral como mecanismo estabilizador para a mudança do quadro normativo das eleições.

Os casos citados são autênticas representações de alterações profundas do processo eleitoral pela ação do Poder Judiciário, modificando e desestabilizando toda a dinâmica eleitoral, previamente concebida pelas forças políticas, e com base na qual elas se estruturaram para a disputa no pleito.

Algumas dessas modificações de interpretação da legislação eleitoral citadas anteriormente acabaram não se firmando, o que, não obstante, não deixou de significar um forte componente de instabilidade do processo eleitoral.

É o caso, por exemplo, dos indeferimentos de registros de candidatura com base na inelegibilidade decorrente da vida pregressa de candidatos, no ano de 2008, bem como por ausência de quitação eleitoral decorrente da rejeição da prestação de contas de campanhas pretéritas, nos anos de 2010 e 2012. Tais viragens interpretativas acabaram, ao final, não sendo albergadas pelo Supremo Tribunal Federal e pelo Tribunal Superior Eleitoral, respectivamente; não obstante, até que isso ocorresse, inúmeros candidatos tiveram seus registros de candidatura indeferidos com base em nova interpretação da legislação eleitoral empreendida por juízes e Tribunais Regionais Eleitorais, o que foi suficiente para criar um quadro de insegurança e perplexidade para candidatos e eleitores.

De todos os casos citados, apenas aquele relacionado aos prefeitos itinerantes mereceu tratamento distinto pelo Supremo Tribunal Federal, que acabou modulando, no julgamento de caso individual, a aplicação da nova interpretação judicial sobre o dispositivo constitucional que trata da reeleição.

No entanto, tal questão, desde antes, não vinha passando despercebida no âmbito do Supremo Tribunal Federal que, desde que se deparou com o fenômeno das interferências do Poder Judiciário na estabilidade da regulação do processo eleitoral, vem debatendo de forma cada vez mais franca a hipótese de modificação do processo eleitoral por ação do Poder Judiciário e, consequentemente, a aplicabilidade do princípio da anualidade a viragens hermenêuticas.

A hipótese do candidato punido por ilícito ético-disciplinar é apenas uma narrativa imaginária. Não obstante, o paradoxo por ele representado foi verificado claramente, por exemplo, na questão da verticalização das coligações partidárias.

Como já exposto anteriormente, o caso da verticalização das coligações partidárias remonta a 2002, quando, ao responder à Consulta n.715 (BRASIL, 2002b), o Tribunal Superior Eleitoral foi questionado a respeito da possibilidade de um determinado partido político celebrar coligação com outros partidos para disputa do cargo de Presidente da República e, simultaneamente, celebrar coligação com partidos diversos, que também concorrem à Presidência da República, para a disputa à eleição de Governador. Ou seja, partidos políticos concorrentes na circunscrição federal, poderiam se aliar na circunscrição estadual?

A consulta foi respondida no final do mês de fevereiro 2002, tendo o Tribunal Superior Eleitoral negado a possibilidade de ser celebrada coligação partidária nos moldes indagado pelos consulentes, decretando que partidos políticos que ajustassem coligação para eleição de Presidente da República não poderiam formar coligação para eleição de Governador de Estado ou do Distrito Federal, tampouco para senador, deputado federal e deputado estadual ou distrital com os políticos que tivessem, de forma isolada ou em aliança diversa, lançado candidato à eleição presidencial. (BRASIL, 2002b)

Como decorrência da consulta, o Tribunal Superior Eleitoral houve por bem editar também uma instrução, formalizando, em instrumento normativo, a interpretação que havia conferido ao instituto das coligações partidárias. Foi publicada, assim, a Resolução n. 20.933, de 26 de fevereiro de 2002, a ser observada por todos os partidos políticos na eleição daquele ano.

A realização de coligações partidárias nos moldes vetados pela Justiça Eleitoral sempre foi prática comum nas eleições que se antecederam à novel interpretação, sem qualquer questionamento pelo próprio Poder Judiciário Eleitoral que, no exercício da sua função de administrar as eleições, sempre consentiu e homologou esse tipo de arranjo pelos partidos políticos. Incontáveis candidatos já haviam sido eleitos no passado segundo a sistemática que, a partir da Consulta n.715 (BRASIL, 2002b), passou a ser reprovada pelo Tribunal Superior Eleitoral.

É possível dizer, sem qualquer exagero, que a configuração da representação política do Estado brasileiro de períodos anteriores, e mesmo aquela ainda em exercício quando da decisão do Tribunal Superior Eleitoral, foram forjadas à base do modelo de coligação que a Justiça Eleitoral, a partir daquele momento, dizia sempre ter sido incabível - embora ela própria sempre tenha consentido com referido modelo.

Diversos partidos, inconformados, provavelmente porque o processo eleitoral se avizinhava, e porque já estavam em curso os arranjos das forças políticas, ajuizaram ação direta de inconstitucionalidade (ADI 2.628), perante o Supremo Tribunal Federal.

Não obstante, o Supremo Tribunal Federal manteve a disposição do Tribunal Superior Eleitoral, rejeitando a alegação de que a instrução teria inovado no ordenamento jurídico, pois seria "mero ato de interpretação", o que impediria o conhecimento da ação e, igualmente, a aplicação do princípio da anualidade eleitoral ao novo entendimento acerca das coligações partidárias.

De acordo com a relatora para o acórdão, ministra Ellen Gracie, o ato impugnado seria apenas uma "resposta a consulta regularmente formulada por parlamentares no objetivo de esclarecer o disciplinamento das coligações", razão pela qual tal "o objeto da ação consiste, inegavelmente, em ato de interpretação." (BRASIL, 2004)

Não pesou para a ministra Ellen Gracie, assim como não pesou para os demais votos vencedores, a circunstância de que o "esclarecimento" sobre o conteúdo do disciplinamento das coligações representava um conteúdo normativo diametralmente oposto àquele que, até então, sempre tinha vigorado no âmbito da Justiça Eleitoral.

Passado pouco tempo, buscando restaurar a disciplina da liberdade na formulação de coligações partidárias, superando, dessa forma, o ativismo do Tribunal Superior Eleitoral, o Congresso Nacional editou a Emenda Constitucional n. 52, de 8 de março de 2006. A emenda inseriu no texto da Constituição de 1988, na disciplina relacionada aos partidos políticos, previsão no sentido de que "o regime de suas coligações eleitorais" poderia se dar "sem obrigatoriedade de vinculação entre as candidaturas de âmbito nacional, estadual, distrital ou municipal."

A Emenda Constitucional n. 52, de 8 de março de 2006, foi objeto da ação direta de inconstitucionalidade n. 3.685 (BRASIL, 2006a), na qual foi questionada a aplicabilidade imediata da alteração constitucional às eleições de 2006, cabendo coincidentemente também à ministra Ellen Gracie relatar o acórdão.

Dessa vez, diante da alteração promovida pelo legislador constitucional reformador, o Supremo Tribunal Federal aplicou o princípio da anualidade eleitoral, impedindo aplicação da EC n. 52/2006 às eleições de 2006.

É interessante observar que ao votar a ministra Ellen Gracie reputou relevante, para a aplicação do art. 16 da Constituição de 1988, a alteração promovida no processo eleitoral, consignando que "o processo eleitoral estará alterado quando a nova disposição interferir na correlação das forças políticas, no equilíbrio das posições de partidos e candidatos e, portanto, na própria competição." Com base nessas premissas, a ministra Ellen Gracie enfatizou na oportunidade: "não vejo o exemplo mais eloquente que influencia a esse equilíbrio de forças do que a mudança nas regras concernentes às coligações." (BRASIL, 2006)

Trata-se, realmente, de forte modificação do processo eleitoral, que altera completamente, de forma muito marcante e profunda, a correlação e o equilíbrio de forças políticas. Embora seja impossível mensurar, pois cada eleição é sempre um evento muito singular e imprevisível, isso não enfraquece o argumento de que a captação e a leitura da vontade popular e, consequentemente, o resultado das eleições, seria absolutamente distinto, numa mesma eleição, com ou sem obrigatoriedade de verticalização das coligações.

A influência dessa questão altera significativamente a dinâmica eleitoral, desestabiliza-a, altera o resultado das urnas, e é capaz de dar à conformação da representação e, consequentemente, à direção do Estado, um perfil distinto daquele que seria revelado se as regras do jogo fossem aquelas pré-estabelecidas.

Não obstante, conquanto em 2006, o princípio da anualidade eleitoral tenha entrado em cena, exercendo seu papel de estabilizador da mudança do regramento eleitoral, em 2002, ele foi negligenciado. Nos dois casos, houve ruptura de um paradigma normativo, um referencial jurídico antes vigente foi modificado, no próprio ano da eleição, dando lugar a um novo referencial jurídico, uma nova conformação normativa da regra das coligações.

Mas somente em um dos casos o processo eleitoral foi colocado a salvo de mudanças repentinas.

A ideia de que o processo eleitoral deve ser colocado a salvo de modificações quando já iniciada a disputa, para preservar a conformação das forças políticas, perde o sentido quando se observa que o Poder Judiciário pode desestabilizar o processo eleitoral com força tão equivalente quanto a força da ação do legislador, o que instaura, para vários daqueles que observam esse fenômeno, um estado de perplexidade.

Essa difícil questão é um dos elementos centrais da crônica da evolução do princípio da anualidade eleitoral no âmbito da jurisprudência do Supremo Tribunal Federal.

Por isso, embora a modificação da sistemática das coligações partidárias, pela via da interpretação, tenha sido aplicada às eleições de 2002, isso não significa que a matéria não fora objeto de severos questionamentos entre os ministros do Supremo Tribunal Federal. No julgamento da ADI 2628, diversos julgadores se indagaram se aquela alteração não deveria ser projetada apenas para eleições futuras, em vista do que dispõe o princípio da anualidade eleitoral.

Em verdade, no âmbito do próprio Tribunal Superior Eleitoral, no qual foi respondida a consulta que originou a obrigatoriedade da verticalização, a questão já havia sido suscitada pelo ministro Sepúlveda Pertence, a quem, até onde se sabe, pode ser atribuída a autoria da tese da aplicabilidade do princípio da anualidade eleitoral também aos atos judiciais (quando modificam, pela interpretação, o processo eleitoral).

Com efeito, na resposta à Consulta 715 – da qual resultou a edição da Resolução n. 20.993/2002, que tornou obrigatória a verticalização das coligações partidárias –, o ministro Sepúlveda Pertence, embora vencido, observou que o dispositivo legal que regulava as coligações não havia sofrido qualquer alteração formal. E nem poderia, eis que qualquer modificação legislativa, por já estar em curso o ano eleitoral de 2002, deveria se sujeitar ao princípio da anualidade eleitoral. Assim, se nem mesmo o legislador poderia fazê-lo, como aceitar tal espécie de modificação por ação de juízes?

Partindo desse raciocínio, o ministro Sepúlveda Pertence ponderou que não obstante o preceito do art. 16 fosse, ao menos em termos literais, dirigido ao Poder Legislativo, a idêntico regime deveria se sujeitar eventual modificação da interpretação da lei pelo Poder Judiciário:

> A L. 9504 é de 1997 e já regeu, portanto, as eleições gerais de 1998.
>
> Nessas, o art. 6 foi interpretado e aplicado no sentido da desvinculação entre coligações federais e estaduais.
>
> Recordo, a título de exemplo, que o PSDB e o PT, aos quais filiados os dois candidatos mais votados para Presidente da República, não obstante, formaram a Coligação que elegeu o Governador do Estado do Acre.
>
> A lei não sofreu alterações. E a que hoje viesse a ser editada não mais incidiria no processo eleitoral do corrente ano, por força do art. 16 da Constituição, inovação salutar inspirada na preocupação de qualificada estabilidade e lealdade do devido processo eleitoral: nele a preocupação é especial de evitar que se mudem as regras do jogo que já começou, como era frequente, com sucessivos "casuísmos", no regime autoritário decaído.
>
> A norma constitucional - malgrado dirigida ao legislador - contém princípio que deve levar a Justiça Eleitoral a moderar eventuais impulsos de viradas jurisprudenciais súbitas, no ano eleitoral, acerca das regras legais de densas implicações na estratégia para o pleito das formas partidárias.
>
> Por isso, na hipótese de dúvida, o meu voto penderia, a essa altura, pela preservação do entendimento precedente. (BRASIL, 2002)

Vencido o ministro Sepúlveda Pertence na resposta à consulta perante o Tribunal Superior Eleitoral, e ajuizada a ADI 2628, no âmbito do Supremo Tribunal Federal a primeira ressalva partiu do relator vencido, ministro Ilmar Galvão, a quem coube afirmar que "na eleição de 1998, a lei não foi aplicada com a interpretação que está sendo agora". De acordo com o ministro, "não admitimos o registro de maneira arbitrária, mas, sim, mediante interpretação da lei, que é a mesma lei", concluindo, assim, que "houve inovação. Em havendo, não podia, por causa do princípio da legalidade e, também, da anualidade, pois a Constituição, nesse caso, teria submetido o Poder Judiciário ao princípio da anualidade a fim de não surpreender." (BRASIL, 2004c)

Igualmente defenderam a aplicação da anualidade eleitoral em face do ato judicial o ministro Marco Aurélio e o próprio ministro Sepúlveda Pertence, reafirmando, tal como fizera no âmbito do Tribunal Superior Eleitoral por ocasião da consulta, que "a invocação do art. 16 é adequada e põe a questão constitucional, quando se assenta que houve alteração na interpretação normativa da mesma norma, pelo TSE, em dois processos eleitorais subsequentes." (BRASIL, 2004c)

Já em sentido oposto, e representando a posição majoritária naquele julgamento, o ministro Celso de Mello compreendeu que "o E. Tribunal Superior Eleitoral aprovou resolução veiculadora de conteúdo meramente interpretativo de certa norma legal", o que nada mais seria do que "proceder à declaração e à explicitação do sentido da lei." (BRASIL, 2004c)

A respeito do posicionamento de Celso de Mello, cumpre dizer que a aplicação da lei sempre pressupõe a declaração e explicitação de seu sentido, ou seja, sua interpretação. Interpreta-se aplicando, sendo que a invocação da anualidade, pelos demais ministros já citados, também pressupunha essa operação, mas concentrava-se na percepção, absolutamente clara, de que "o sentido da lei" mudou, o que seria suficiente para a aplicação do princípio da anualidade eleitoral. De toda forma, trataremos disso no tópico seguinte.

Esse posicionamento adotado pelo ministro Celso de Mello viria a ser reafirmado no julgamento da ADI 3345, proposta em face da resolução do Tribunal Superior Eleitoral que alterou, já no ano eleitoral de 2004, o número de cadeiras de vereadores em disputa nos municípios brasileiros, prevalecendo novamente no Supremo Tribunal Federal a compreensão de que o princípio da anualidade eleitoral somente poderia ser invocado em face de lei, oriunda do Congresso Nacional, não incidindo, portanto, sobre atos emanados do Poder Judiciário:

> De qualquer maneira, no entanto, entendo que o E. Tribunal Superior Eleitoral, ao editar a resolução questionada, não transgrediu a norma consubstanciada no art. 16 da Constituição.
>
> Tratando-se de atribuições inerentes ao Poder Judiciário não há como submeter, em regra, a eficácia das decisões e resoluções da Justiça Eleitoral à norma inscrita no art. 16 da Constituição, notadamente quando proferidas no desempenho da função jurisdicional ou, como no caso, em decorrência de julgamento definitivo do Supremo Tribunal Federal a propósito de controvérsia que esta própria Corte dirimiu no exercício de sua jurisdição constitucional, fixando diretriz hermenêutica

> em torno da compreensão, da aplicabilidade e da incidência da cláusula de proporcionalidade consubstanciada no inciso IV do art. 29 da Constituição.
>
> Torna-se relevante enfatizar que o Tribunal Superior Eleitoral, como já referido, ao editar a resolução questionada, consubstanciadora de mera explicitação de anterior julgamento desta Suprema Corte, proferido em sede de controle incidental de inconstitucionalidade, limitou-se a agir em função de postulado essencial à valorização da própria ordem constitucional, cuja observância fez prevalecer, no plano do ordenamento positivo, a força normativa, a unidade e a supremacia da Lei Fundamental da República.
>
> Pelas razões ora expostas, portanto, afasto a alegação de que a Resolução em causa teria desrespeitado o art. 16 da Constituição da República. (BRASIL, 2010c)

É interessante observar ainda, de referido julgamento, o voto do ministro Joaquim Barbosa, para quem a aplicação do princípio da anualidade eleitoral não se justificaria porque "as regras do processo eleitoral sempre estiveram postas claramente no texto constitucional", e que, portanto, não teria havido mudança alguma, mas, quando muito, "errôneas interpretações do dispositivo constitucional levadas a efeito ao longo dos anos pelas diversas Câmaras Municipais do País". Assim, na concepção do ministro Joaquim Barbosa, o Tribunal Superior Eleitoral "ao infirmar essas interpretações errôneas, findou por dar vida a uma norma preexistente, inserida na própria Constituição, acabou por regulamentá-la, explicitá-la, conferir-lhe substância concreta". (BRASIL, 2010c)

Nos julgamentos subsequentes, a questão da aplicação do princípio da anualidade eleitoral aos atos emanados do Poder Judiciário não chegou a ser debatida diretamente. Muito embora, no julgamento da ADI 4307 foi suscitado, lateralmente, que o Supremo Tribunal Federal já havia permitido, em 2004, mudanças no quantitativo de cargos de vereadores por reinterpretação judicial do art. 29, IV, da Constituição de 1988. Assim, alegou-se que pelo mesmo raciocínio dever-se-ia admitir a possibilidade de igual mudança por ação do legislador, a menos de um ano da eleição, e sem que o art. 16 da Constituição de 1988 pudesse incidir.

Na ADI 4307, cumpre relembrar, foi impugnada a alteração por emenda constitucional do art. 29, IV, da Constituição de 1988, com efeitos sobre a eleição de 2008. A diferença é que, enquanto em 2004 a resolução do Tribunal do Superior Eleitoral gerava redução do número de cadeiras em todo país, a emenda constitucional impugnada na ADI 4307 possibilitava aumento no quantitativo de vereadores nos municípios brasileiros.

A decisão de 2004 do Supremo Tribunal Federal foi lembrada no voto do ministro Ayres Britto, que rechaçou a similaridade entre as hipóteses de modificação operada pelo Poder Judiciário, via interpretação, e a modificação efetuada pela via legislativa, na edição de textos legais:

> De sorte que, Senhor Presidente, com estas palavras, até demasiadamente alongadas, concluo, apenas fazendo uma distinção entre uma nova interpretação que nos vemos aqui, no "Caso Mira Estrela", à Constituição, e uma norma jurídica nova. Agora, já é a proposta do art. 16.
>
> A constituição proíbe que um ano antes da eleição se introduza no sistema jurídico uma norma jurídica nova, mas os tribunais não estão proibidos de fazer, até as vésperas da eleição, uma interpretação jurídica nova de velho dispositivo. Porque um dos eminentes advogados perguntou: "Se, por efeito de interpretação, as coisas podem ser alteradas, porque não por efeito de emenda?". Mas são categorias jurídicas absolutamente distintas.
>
> Introduzir no sistema jurídico uma normatividade nova, inédita, é uma coisa. Agora, reinterpretar o sistema jurídico isso a partir de cânones de compreensão do sistema jurídico novos é outra coisa – e passível de acontecer a qualquer momento. E não se pode dizer o sistema jurídico experimentou inovação; experimentou, sim, uma nova concreção, uma nova densificação." (BRASIL, 2010)

Assim, em que pese alguns ensaios no sentido de aplicar o princípio da anualidade eleitoral às modificações da interpretação judicial da regulação do processo eleitoral, até 2012, isso se deu precipuamente por meio de votos isolados e vencidos.

Apenas no caso dos prefeitos itinerantes a posição vencida no Supremo Tribunal Federal passou a vencedora, compreendendo-se que às viragens hermenêuticas pelo Poder Judiciário também se deveria aplicar o princípio da anualidade eleitoral.

Tratou-se de julgamento de caso individual, no qual o Supremo Tribunal Federal acabou modulando aplicação da nova interpretação judicial sobre o dispositivo constitucional que trata da reeleição.

Com efeito, por ocasião do julgamento do Recurso Extraordinário 637.485/RJ, o ministro Gilmar Mendes consignou em seu voto que o Tribunal Superior

Eleitoral por muitos anos interpretou o art. 14, § 5, da Constituição de 1988 como proibição de exercício de mais

de dois mandatos subsequentes apenas para o mesmo cargo e no mesmo território, de forma que não haveria proibição de que um prefeito reeleito se candidatasse para o mesmo cargo por uma terceira vez, desde que o fizesse em município diverso:

> O caso descrito, portanto, revela uma situação diferenciada, em que houve regular registro de candidatura, legítima participação e vitória no pleito eleitoral e a efetiva diplomação do autor, tudo conforme as regras então vigentes e sua interpretação pela Justiça Eleitoral. As circunstâncias levam a crer que a alteração repentina e radical dessas regras, uma vez o período eleitoral já praticamente encerrado, repercute drasticamente na segurança jurídica que deve nortear o processo eleitoral, mais especificamente na confiança depositada no sistema pelo cidadão-eleitor.

Em casos como este, em que se altera a jurisprudência longamente adotada, parece sensato considerar seriamente a necessidade de se modular os efeitos da decisão, com base em razões de segurança jurídica. (BRASIL, 2013b)

A partir dessas premissas, a proposta do ministro Gilmar Mendes caminhou no sentido de estender o âmbito de aplicação do art. 16 da Constituição de 1988, de forma a abranger não apenas a alteração da lei, mas também da jurisprudência em matéria eleitoral:

> O art. 16 da Constituição traduziu o postulado da segurança jurídica como princípio da anterioridade ou anualidade em relação à mudança na legislação eleitoral. Em razão do caráter especialmente peculiar dos atos judiciais emanados do Tribunal Superior Eleitoral, os quais regem normativamente todo o processo eleitoral, é razoável concluir que a Constituição também alberga uma norma, ainda que implícita, que traduz o postulado da segurança jurídica como princípio da anterioridade ou anualidade em relação à alteração da jurisprudência do TSE.
>
> Logo, é possível concluir que a mudança de jurisprudência do Tribunal Superior Eleitoral está submetida ao princípio da anterioridade eleitoral. Assim, as decisões do TSE que, no curso do pleito eleitoral (ou logo após o seu encerramento), impliquem mudança de jurisprudência (e dessa forma repercutam sobre a segurança jurídica), não têm aplicabilidade imediata ao caso concreto e somente terão eficácia sobre outros casos no pleito eleitoral posterior. (BRASIL, 2013b)

A posição adotada pelo ministro Gilmar Mendes, embora vencedora, não teve a adesão integral dos demais membros do Supremo Tribunal Federal e teve ainda como ponto desfavorável a circunstância de ter ocorrido tarde demais para inúmeros candidatos. Isso porque o caso somente foi julgado pelo Supremo Tribunal Federal em agosto de 2012, ao passo que a ruptura do paradigma interpretativo ocorreu ainda em 2008, quando o Tribunal Superior Eleitoral modificou sua compreensão a respeito dos prefeitos itinerantes, ao julgar o Recurso Especial Eleitoral 32.507/AL (BRASIL, 2008b)[2].

Não obstante, o julgamento do Recurso Extraordinário 637.485/RJ inegavelmente passou a ser um marco na jurisprudência do Supremo Tribunal Federal, muito embora não tenha sido a primeira vez, como demonstrado, que a aplicação do art. 16 da Constituição de 1988 também à mudança da interpretação da lei eleitoral pelo Poder Judiciário tenha sido discutida.

A questão da aplicação do art. 16 da Constituição de 1988 às modificações de interpretação da legislação eleitoral pelo Poder Judiciário sempre esteve permeando as grandes discussões jurídicas sobre o processo eleitoral. Entretanto, apenas uma década depois a posição vencida – inaugurada pelo ministro Sepúlveda Pertence na Consulta 715 – passou a vencedora, sob a concepção do ministro Gilmar Mendes no voto proferido no Recurso Extraordinário 637.485/RJ.

5.3 O princípio da anualidade em perspectiva ampliada

Nos tópicos anteriores deste capítulo, procurou-se demonstrar, a partir de exemplificação de casos, que o processo eleitoral esta sujeito a modificações também por ação do Poder Judiciário, explicitando-se que tal percepção vem sendo discutida há muito no âmbito do Supremo Tribunal Federal.

Neste tópico, desenvolve-se, a partir dessa premissa, a ideia do princípio da anualidade eleitoral sob perspectiva ampliada, vale dizer, como garantia

---

2 EMENTA: RECURSO ESPECIAL. ELEIÇÕES 2008. REGISTRO CANDIDATURA. PREFEITO. CANDIDATO À REELEIÇÃO. TRANSFERÊNCIA DE DOMICÍLIO PARA OUTRO MUNICÍPIO. FRAUDE CONFIGURADA. VIOLAÇÃO DO DISPOSTO NO § 5º DO ART. 14 DA CB. IMPROVIMENTO.

1. Fraude consumada mediante o desvirtuamento da faculdade de transferir-se domicílio eleitoral de um para outro Município, de modo a ilidir-se a incidência do preceito legal disposto no § 5º do artigo 14 da CB.
2. Evidente desvio da finalidade do direito à fixação do domicílio eleitoral.
3. Recurso a que se nega provimento. (BRASIL, 2008b)

também contras as modificações do processo eleitoral pelo Poder Judiciário, abordando as justificativas teóricas para tanto e delimitando os possíveis critérios para a aplicação do preceito aos atos judiciais.

Para tanto, impõe-se compreender o princípio da anualidade como aplicável à modificação da interpretação da regulação do processo eleitoral, como mecanismo para mudanças estáveis do processo eleitoral, contra quebra da previsibilidade das condições jurídicas que se apresentam para as forças políticas, notadamente candidatos e partidos, mas também para os eleitores.

Por isso, em uma perspectiva ampliada, o princípio da anualidade eleitoral protege o processo eleitoral de modificações no seu quadro normativo, quer por ação do legislador, quer por ação do juiz.

O art. 16 da Constituição de 1988 busca proteger o equilíbrio da competitividade, a estabilidade do processo, a previsibilidade do processo eleitoral no seu conjunto, e parece fora de dúvida que esse estado de equilíbrio pode ser turbado também por ação do Poder Judiciário.

Quando o princípio da anualidade eleitoral se volta contra a ação do legislador, o que se quer proteger é o processo eleitoral contra a alteração. Essa premissa se baseia na evidente constatação de que a alteração da legislação é indesejada (naquele período). Todavia, isso ocorre não simplesmente porque se altera os textos legais, formalmente, mas porque as alterações formais dos textos legais geram novos sentidos, geram novas interpretações, criando normas distintas, mudando o direito.

Mas desde que essas normas distintas possam também ser criadas a partir da ação do Poder Judiciário, à base do mesmo preceito legal, o princípio da anualidade eleitoral deve também poder atuar, para impedir a quebra da previsibilidade e calculabilidade das regras do jogo pelas forças políticas.

É a alteração do direito, e não apenas da lei, que o princípio da anualidade eleitoral busca mediar.

A maior evidência de que a interpretação é também criação do direito é a de que inexistem, autenticamente, leis meramente interpretativas, como nesse particular já decidiu o Supremo Tribunal Federal por duas vezes (ADI 605 e RE 566.621), em face de leis editadas pelo Congresso Nacional com ânimos retroativos, visando apanhar fatos passados, com base na alegação de que a veiculação legislativa não mudava o direito, apenas interpretava-o.

Como bem observado pelo ministro Sepúlveda Pertence em seu voto na ADI 605, "lei interpretativa ou é inócua ou é lei nova."

Afinal, "se é mera interpretação de lei preexistente e veicula – se isso é possível – a única interpretação admissível dessa lei preexistente, a lei interpretativa vale exatamente o que valer a interpretação que traduz, isto é, nada vale". (BRASIL, 1993b)

A percepção de que o direito não existe, senão interpretado, há muito vem sendo apontada por vários juristas[3], "uma conclusão que, de resto, conta com o apoio de jurisfilósofos da maior expressão, como Eliás Díaz, por exemplo, para quem o Direito compreende não só as normas mas também o trabalho dos seus operadores", ou seja, "o que eles fazem com elas, no amplo espectro das interpretações aceitáveis." (MENDES; COELHO; GONET BRANCO, 2008, p. 61)

Sob tal enfoque, "funcionam, então, esses operadores jurídicos como instâncias heterônomas de criação abreviada do direito" (MENDES; COELHO; GONET BRANCO, 2008, p. 61), perspectiva essa que não pode ser ignorada no âmbito da aplicação do princípio da anualidade eleitoral, quando se constata, sem grande dificuldade, que novos sentidos são permanentemente construídos pelo Poder Judiciário, embora esses novos sentidos, regulando de forma distinta o processo eleitoral, decorram da interpretação dos mesmos textos legais, tal como poderia se dar se novos textos legais tivessem sido introduzidos no ordenamento pelo legislador.

Não obstante essa realidade, "a criação jurisprudencial do direito é pudicamente ocultada sob trajes menos vistosos e apresentada como simples explicitação de normas implícitas", ou seja, "como elaboração de normas que se consideram já existentes, embora em estado latente, no sistema legislativo, mesmo que o legislador não as tenha formulado expressamente." (MENDES; COELHO; GONET BRANCO, 2008, p. 61)

No entanto, e tal como adverte Inocêncio Martires Coelho,

> Se é verdade que novas acepções atribuídas a um mesmo termo equivalem à criação de termos novos, parece lícito concluir-se que, a rigor, quando juízes e tribunais emprestam sentidos novos ao mesmo enunciado normativo, em verdade estão a produzir novos enunciados, embora mantendo inalterada a sua roupagem verbal.
>
> [...]
>
> À luz da experiência jurídica, verificamos que isso ocorre em razão das mudanças que se operam, continuamente, no prisma histórico-social de

---

3 Dentre outros: REALE (1982); HÄBERLE (1997); BARROSO (2006)

> aplicação do direito, exigindo soluções novas imediatas, que não podem aguardar as sempre demoradas decisões legislativas. (COELHO, 2003, p. 42)

Também nesse sentido é a concepção de Misabel Derzi (2009), para quem uma nova interpretação dos textos legais empreendidas pelos juízes, modificando interpretação que anteriormente se tinha sobre aquele mesmo preceito, importa criação de nova norma que, de certa forma, "equivaleria" a nova lei.

Jeremy Waldron, igualmente, observa que os atos judiciais apenas se apresentam mais "palatáveis" enquanto mecanismos de mudança do direito, mas mudam o direito tal como as leis o fazem, embora "disfarçadamente". De acordo com o autor, "em contraste com outras fontes do direito, a legislação tem atributos do descarado e do impudente" (WALDRON, 2003, p. 13), uma vez que os órgãos legislativos anunciam agressivamente (MENDES, C., 2008, p. 88) sua intenção de criar direito, ou seja, "tem impudência de dizer: "esqueçam o que a lei foi o tempo todo. É assim que ela vai ser agora." (WALDRON, 2003, p. 14)

Por outro lado, "um juiz, quando legisla no direito consuetudinário (se é isso que ele faz) tem, pelo menos, a gentileza de fingir que está *descobrindo* o que a lei era o tempo todo: ele não se apresenta explicitamente como um legislador." (WALDRON, 2003, p. 13)

Não obstante, continua Waldron, "na verdade, como todos nós sabemos, a lei é mudada todos os dias nos nossos tribunais de recursos, mas, na maioria das vezes, é mudada sob o disfarce de uma decorosa simulação", ou seja, como se nada pudesse estar mais diante da nossa mente, ou da mente do tribunal. "A linguagem e o estilo *(da decisão judicial)* são declarativos mesmo se a realidade for revisionista". (WALDRON, 2003, p. 14)

Logo, considerando que viragens interpretativas promovidas pelo Poder Judiciário podem, tal como a ação do legislador, promover profundas e marcantes alterações no processo eleitoral, desde que se assuma essa realidade, parece mesmo paradoxal que um evento de tão grave natureza, consistente na mudança do processo eleitoral quando já iniciado (promovendo interferência e perturbação das posições estabelecidas pelas forças políticas frente à regulação então estabelecida), esteja sujeito, para a aplicação do princípio da anualidade eleitoral, apenas e tão somente à invariabilidade da forma. Não parece fazer sentido que o princípio da anualidade se preste unicamente a impedir a mudança da forma, permitindo-se, não obstante, a modificação do conteúdo, como se mudança alguma tivesse ocorrido.

Voltemos ao exemplo de verticalização das coligações partidárias, quando pela primeira vez, em 2002, a aplicação do princípio da anualidade às deliberações do Poder Judiciário foi aventada. Não há como negar que o direito mudou em 2002, quando o Tribunal Superior Eleitoral mudou sua interpretação quanto à matéria, assim como mudou em 2006, quando o mesmo fenômeno se deu por ação do legislador.

O direito mudou, afirmamos, e tal mudança do direito pode ser entendida, aqui, como "referebilidade jurídica", na concepção de Osvaldo Alves de Castro Filho, para quem "o momentaneamente tomado por direito expressa a referibilidade jurídica momentânea", vale dizer, "o que se chama "direito" corresponde às resultantes de interpretações relacionáveis a ele." (CASTRO FILHO, 2012, p. 114)

De acordo com o autor, "a condição de possibilidade do direito se revela atrelada à hermenêutica" (CASTRO FILHO, 2012, p. 115), razão pela qual "a existência do direito depende de interpretações de situações como decorríveis dele". (CASTRO FILHO, 2012, p. 115)

A diferença é que, em 2002, essa mudança do direito se deu (para os votos vencedores) como se nada realmente tivesse mudado, mas "apenas" a sua interpretação, como se nova interpretação não gerasse nova norma, e não alterasse todo um referencial jurídico, inclusive com efeitos prospectivos, tal como se dá com a nova lei.

Sob esse enfoque, e ainda se valendo das lições de Osvaldo Alves de Castro Filho (2012), transpondo-a para a questão do princípio da anualidade eleitoral, o que o art. 16 da Constituição de 1988 potencialmente possibilita é a estabilização de uma determinada referibilidade jurídica, de um determinado conteúdo jurídico, momentâneo, resultante de um dado momento da interpretação, que pode ser alterado por ação do legislador ou do julgador, pouco importa. Modificando-se o texto legal, outra será a norma resultante de sua interpretação. Reinterpretando-se o mesmo texto legal, também outra será a norma resultante da nova interpretação.

Altera-se, assim, a referibilidade jurídica, e com ela alteram-se expectativas e comportamentos, tudo de acordo com o novo referencial jurídico inaugurado, que poderá ser novamente alterado, e assim indefinidamente, sem que se possa precisar o exato momento em que isso ocorrerá, pois o direito está em constante mutação, como ensina Osvaldo Alves de Castro Filho (2012).

Todavia, a lei é um dos elementos da referibilidade do direito, assim como o é a jurisprudência, e isso parece inegável.

Com a mudança da lei, é presumível que haverá alteração da referibilidade do direito. O princípio da anualidade, ao mencionar "lei", assim, pressupõe essa concepção, de que alterada a lei, alterada será a referibilidade do direito, e de forma distinta serão reguladas as questões que a lei pretende regular.

Dessa forma, como o princípio da anualidade eleitoral não objetiva impedir propriamente a modificação da lei, em sentido textual, mas os efeitos que a modificação da lei pode gerar sobre as relações sociais, por meio de referenciais jurídicos, a constatação de que esses referenciais jurídicos são alterados também por ação do Poder Judiciário, deve conduzir à conclusão de sua aplicabilidade também à mudança do processo eleitoral, quando operada pelo Poder Judiciário.

A anualidade eleitoral, sob perspectiva ampliada, se preocupa menos com a forma, pela óbvia razão de que as mudanças no direito não decorrem apenas de ações do legislador.

As mesmas razões de ordem axiológica e principiológica que sustentam o princípio da anualidade sob a perspectiva das alterações legislativas, notadamente a segurança e a igualdade (entendida esta, aqui, como igualdade na aplicação da lei), e que foram expostas em tópico próprio do capítulo anterior, incidem sob a perspectiva da aplicação da anualidade aos atos judiciais.

Como dissemos anteriormente, a segurança jurídica, estabelecida pela anualidade eleitoral, atua na mediação entre a estabilidade e a mutabilidade, inserindo-se como um redutor de instabilidade do sistema normativo que regula o processo eleitoral, quando esse for alterado, e esse também é alterado por ação do Poder Judiciário.

Ou seja, a regulação do processo eleitoral, entendida essa como ação do legislador e também do Poder Judiciário (na aplicação da lei, criando novos referenciais jurídicos), não pode ser ela própria um ingrediente desestabilizador da já delicada e geralmente imprevisível correlação de forças políticas que se manifestam nos períodos eleitorais, sob pena de risco à normalidade do processo eleitoral.

A lei que altera o processo eleitoral o altera porque é capaz de alterar o referencial jurídico de determinado tempo, porque a nova lei gera nova interpretação e nova norma. Todavia, desde que o direito não se resume à lei e, tampouco, a norma se confunde com o texto legal, sendo este passível de distinta interpretação, é ele capaz de gerar novo referencial jurídico mesmo permanecendo imutável sua roupagem textual.

Assim, sob esse aspecto, a modificação da jurisprudência, tal como a nova lei, altera o antigo referencial jurídico, estabelecendo um novo, mesmo à vista da mesma lei (CASTRO FILHO, 2012). Como tal, coloca-se tal forma de modificação sob o âmbito do art. 16 da Constituição de 1988, para que as regras do processo eleitoral se mantenham estáveis desde quando se aponta ao olhar das forças políticas o fenômeno eleitoral.

5.3.1 Critérios para a aplicação do princípio da anualidade eleitoral aos atos judiciais

A aplicação do princípio da anualidade eleitoral ao âmbito das mudanças do processo eleitoral efetuadas por ação do Poder Judiciário pressupõe reconhecer a força dos precedentes judiciais na própria criação de conteúdos normativos, mediante abandono do fetiche pelo texto da lei que, como cediço, não se confunde com a norma.

Pressupõe, ainda, a concepção de que o Poder Judiciário deve respeitar seus próprios precedentes, não podendo o Estado-Juiz ignorar interpretações e práticas respaldadas em reiteradas decisões judiciais e pleitos eleitorais anteriores, notadamente por tribunais superiores, o que, além de violação do princípio da segurança jurídica (art. 5, XXXVI, da Constituição de 1988), pode configurar enorme injustiça e desigualdade na aplicação do direito.

É o que observa Luiz Guilherme Marinoni:

> Contudo, nem ao se "descobrir" que a lei é interpretada de diversas formas, e, mais visivelmente, que os juízes do civil law rotineiramente decidem de diferentes modos os "casos iguais", abandonou-se a suposição de que a lei é suficiente para garantir a segurança jurídica. Ora, ao se tornar indisfarçável que a lei é interpretada de diversas formas, fazendo surgir distintas decisões para casos iguais, deveria ter surgido, ao menos em sede doutrinária, a lógica conclusão de que a segurança jurídica apenas pode ser garantida frisando-se a igualdade perante as decisões judiciais, e, assim, estabelecendo-se o dever judicial de respeito aos precedentes. Afinal, a lei adquire maior significação quando sob ameaça de violação ou após ter sido violada, de forma que a decisão judicial que a interpreta não pode ficar em segundo plano ou desmerecer qualquer respeito do próprio Poder que a editou. (MARINONI, 2010, p. 19)

Ressalte-se que a força dos precedentes judiciais, e sua projeção para além do caso individual, servindo como referencial jurídico que se insere no ordenamento, e que serve de vetor interpretativo para a solução de casos futuros, com efeitos similares aos efeitos da lei, é tranquilamente reconhecida em outros sistemas jurídicos, notadamente nos sistemas do *commom law*.

Não obstante, parece também que o Brasil tem caminhado no sentido de reconhecer nos precedentes, notadamente dos Tribunais Superiores, esse relevante papel: a possibilidade de edição de súmulas vinculantes, a sistemática da repercussão geral, dos recursos e demandas repetitivos são apenas sintomas do reconhecimento da força dos precedentes como modelo ou parâmetro de solução para o julgamento de casos futuros.

Igualmente, o Código de Processo Civil de 2015 estabelece que "os tribunais devem uniformizar sua jurisprudência e mantê-la estável, íntegra e coerente" (art. 926), devendo os juízes e tribunais, ao decidirem, observar os precedentes, notadamente "a orientação do plenário ou do órgão especial aos quais estiverem vinculados" (art. 927, V).

Também obriga os magistrados, quando fundamentarem em precedente ou súmula, a "identificar seus fundamentos determinantes" (art. 489, § 1°, V) e, igualmente, a "demonstrar a existência de distinção no caso em julgamento ou a superação do entendimento", quando "deixar de seguir enunciado de súmula, jurisprudência ou precedente" (art. 489, § 1°, V)

A seu turno, reconhecendo a expressividade dos precedentes como referenciais jurídicos fortes, o Código de Processo Civil de 2015 preconiza que "na hipótese de alteração de jurisprudência dominante do Supremo Tribunal Federal e dos tribunais superiores ou daquela oriunda de julgamento de casos repetitivos", poderá ser efetuada "modulação dos efeitos da alteração no interesse social e no da segurança jurídica" (art. 927, § 3°), "considerando os princípios da segurança jurídica, da proteção da confiança e da isonomia." (art. 927, § 4°)

No âmbito da Justiça Eleitoral, merece destaque a edição da Resolução 23.472, de 26 de abril de 2016, que, encampando tais ideais, definitivamente parece ter incorporado o princípio da anualidade eleitoral aos atos e decisões judiciais, tomando-o sob perspectiva ampliada.

A resolução em questão, expressamente se referindo a instruções "para execução da legislação eleitoral e realização das eleições ordinárias", bem como à hipótese de "modificação da jurisprudência do Tribunal Superior Eleitoral", estabelece que, ambas, "entrarão em vigor na data de sua publicação, não se aplicando à eleição que ocorra até um ano da data de sua vigência (CF, art. 16)."

Especificamente, quanto à modificação da jurisprudência, a resolução frisa que terá ela efeitos prospectivos, ao estabelecer que a contenção à modificação "não obsta que o Tribunal, a qualquer tempo, altere a sua jurisprudência para as eleições que se realizarem após um ano, contado da data da deliberação final do Plenário."

Talvez um dos aspectos mais importantes da Resolução 23.472, de 26 de abril de 2016, seja o fato de ela buscar estabelecer alguns critérios objetivos para definição do que se deve compreender por "modificação da jurisprudência", o que se mostra de extrema importância para a aplicação do princípio da anualidade às decisões judiciais.

Isso porque, se por um lado, o princípio da anualidade deve proteger o processo eleitoral contra mudanças, parece evidente, por outro lado, que se a questão nunca fora decidida pela Justiça Eleitoral, notadamente em suas instâncias superiores, ou ao menos como prática recorrente no âmbito da função desse ramo do Poder Judiciário de administrar eleições, não pode o juiz eleitoral ser acusado de violar o princípio da anualidade eleitoral simplesmente por ter decidido em desconformidade com a interpretação jurídica que partidos ou candidatos tinham ou nutriam a respeito de determinada questão legal.

É preciso, portanto, que se estabeleça o que vem a ser efetivamente mudança, feita pelo Poder Judiciário, que se coloque sob o âmbito do princípio da anualidade eleitoral.

Quando essa mudança ocorre pelo legislador ela é de fácil detecção, mas nem sempre é assim com as mudanças efetuadas pelo Poder Judiciário, excetuadas as resoluções do Tribunal Superior, que são veículos normativos, em forma de instruções, muito similares às leis.

Nesse sentido, buscando solucionar tal questão, a Resolução 23.472, de 26 de abril de 2016, estabelece como modificação de jurisprudência, e, portanto, coloca sob o escopo do princípio da anualidade eleitoral, duas hipóteses: (I) o entendimento que seja contrário a reiterados julgamentos do Plenário do Tribunal Superior Eleitoral ou do Supremo Tribunal Federal sobre a matéria; (II) o entendimento que seja manifestamente contrário ao disposto nas instruções do Tribunal Superior Eleitoral, (art. 5, § 2).

A compreensão dessas duas hipóteses de "modificação de jurisprudência" é complementada pelo seu contrário, ou seja, por aquilo que a resolução define como não sendo modificação de jurisprudência: (I) casos cujas circunstâncias concretas indiquem a inaplicabilidade do entendimento consolidado, circunstâncias estas que deverão ser objetivamente identificadas e justificadas; (II) a modificação que decorra não de ruptura

interpretativa com base no mesmo quadro normativo, mas como decorrência da alteração da legislação que não tenha sido anteriormente apreciada em sede jurisdicional pelo Plenário do Tribunal Superior Eleitoral ou pelo Supremo Tribunal Federal; (III) o entendimento expresso em decisão monocrática que não tenha sido debatido pelo Plenário do Tribunal.

Também merece destaque o fato de a resolução estabelecer que, firmada em determinada eleição, pela primeira vez, tese jurídica em caso apreciado pelo plenário do Tribunal Superior Eleitoral, essa tese jurídica deverá ser observada nos demais casos que envolvam a mesma eleição, (art. 5, § 4).

Assim, além de indicar o que seria modificação de jurisprudência, a resolução cuida de dar contornos ao que seria a própria formação da jurisprudência, e que demandaria observância obrigatória, para aquele pleito em que firmada, e para aqueles futuros, por força do art. 16 da Constituição de 1988, desde que não promovida sua modificação (da jurisprudência) em prazo menor do que um ano da eleição vindoura.

Trata-se, cumpre sublinhar, de questão de suma importância, e que ajuda a equacionar um problema prático da aplicação do princípio da anualidade eleitoral às decisões do Poder Judiciário.

Isso porque, se é verdade dizer que conteúdos normativos são forjados por ação judicial, e que tais conteúdos repercutem tal como a lei no processo eleitoral, isso não quer dizer que os atos legislativos e os atos judiciais sejam absolutamente idênticos, se insiram no ordenamento de forma idêntica, produzam efeitos idênticos e, tampouco, que orientem e conformem condutas da mesma forma.

Talvez apenas as resoluções do Tribunal Superior Eleitoral se aproximem mais da lei, como veículo normativo editado em caráter geral, abstrato, na forma de preceitos objetivamente redigidos, com eficácia geral e universal.

Já os precedentes e respostas a consultas normalmente não se colocam nesses termos, já que se apresentam como respostas elaboradas para a solução de casos concretos ou hipotéticos, sendo que, para aqueles, tais respostas se prestam notadamente para a resolução de demandas individuais. Ademais, enquanto a lei geralmente emana de um único órgão, as decisões judiciais emanam simultaneamente de multiplicidade de instâncias.

Há ainda o fato de que a lei tem um efeito vinculante geral, a todos obriga, mesmo ao Poder Judiciário, ao passo que as consultas e precedentes judiciais nem sempre vinculam em sentido forte, ou seja, não atingem ou obrigam terceiros e não impedem decisões desviantes pelo próprio Poder Judiciário.

Diante dessas questões, embora não seja o escopo principal deste trabalho o estudo dos precedentes em sua minúcia, é preciso, para algum esclarecimento, que se identifique como tal espécie de ato estatal se insere e funciona no ordenamento como referencial jurídico- normativo para além do caso individual.

A doutrina de Misabel Derzi é bastante esclarecedora nesse aspecto. De acordo com a doutrinadora, valendo-se da doutrina de Heiki Pohl, "em toda sentença em processo subjetivo há uma questão geral e uma questão individual. A questão individual diz respeito ao caso concreto e à extensão limitada da parte dispositiva da sentença propriamente dita" (DERZI, 2009, p. 258). Entretanto, "por detrás de toda sentença, existe uma questão geral, uma norma concreta judicial, que se sacou da norma legal que a fundamenta." (DERZI, 2009, p. 258)

Essa resposta geral, à pergunta geral, também chamada por Misabel Derzi de "norma judicial", e por outros de *ratio decidendi* ou fundamentos determinantes (BUSTAMANTE, 2012; MARINONI, 2010), se expande e é repetível para o mesmo grupo de casos, apresentando-se, assim, como um verdadeiro referencial jurídico, quer para o cidadão, quer para o próprio Poder Judiciário na resolução futura de outros casos individuais:

> É que a sentença, que se repete por meio de casuística, aplica e cria direito em sentido lato, uma vez que, por meio dela, se escolhe uma, dentre as alternativas possíveis de significados dos enunciados linguísticos da lei, ou seja, ela, em regra, está justificada por constituir uma norma individual, possível entre outras, e sacada da própria norma pré-constituída pelo legislador, mais universal e abstrata. Não obstante, a partir do momento em que o Poder Judiciário se firma em uma das alternativas possíveis de sentido, criando a norma específica de determinado caso, e repetível para o mesmo grupo de casos, norma cabível dentro de norma legal, ele fecha as demais alternativas – antes possíveis. As demais alternativas não estarão mais disponíveis, sustentamos, exatamente porque foram afastadas pelo Poder Judiciário, em entendimento consolidado. Desde o momento de tal fechamento, o espaço, discricionariamente deixado pelo legislador e dotado de uma cadeia de signos e significados inúmeros, concretiza-se e fixa-se em certo sentido único, criando-se verdadeira expectativa normativa de comportamento para

> todos, integrantes do mesmo grupo de casos. À seleção e escolha do legislador, exercidas dentro do espaço deixado pela Constituição e pelos fatos sociais, sucedeu, então, outra escolha, a seleção efetuada pelo juiz, dentro do espaço de liberdade, mais restrito, deixado pela lei. A constituição da norma mais concreta, advinda das decisões judiciais, parece-nos configurar fenômeno evidente, já registrado por muitos juristas, norma essa que nasce vocacionada à expansão e à aplicação a casos futuros similares.
>
> Se, supervenientemente, o Poder Judiciário altera e muda a sua decisão, escolhendo uma outra alternativa (antes possível, em razão do leque de significados da cadeia de signos), cria **nova norma**, específica e determinada. Tal norma nova equivale a uma **nova lei**, pois a lei anterior, ainda vigente no sentido formal, tinha sido dotada de um só conteúdo, unívoco, pois sofrera o esvaziamento do sentido proveniente das demais alternativas de significação, por decisão do próprio Poder Judiciário. Parece- nos que alterações jurisprudenciais desse teor, em que inexistem mudanças nas formulações linguísticas das leis e inexistem alterações nas características dos grupos de casos, configuram criações do Direito, em sentido forte, pois o vínculo à lei, acaso existente, é estritamente formal. (DERZI, 2009, p. 188-189)

Entretanto, e como adverte Misabel Derzi, embora os precedentes judiciais naturalmente tenham esse potencial para servir de modelo para o julgamento de casos futuros, as decisões judiciais nem sempre obrigam com a mesma força e intensidade, ora assumindo eficácia meramente persuasiva ora realmente obrigando ou mesmo vinculando para além do caso individual.

A doutrinadora, esclarece, assim, que "qualquer sentença cria uma expectativa normativa", mas "há graus diferentes de obrigatoriedade em relação às expectativas normativas criadas pelas sentenças." (DERZI, 2009, p. 248).

Algumas decisões se inserem no ordenamento como comandos que recomendam observância quanto a casos futuros, exercendo um papel notadamente persuasivo, sem, entretanto, obrigar a todos, notadamente terceiros estranhos ao processo. A autora cita, como exemplos dessa espécie de decisão, as sentenças de primeira instância e decisões de tribunais inferiores. Isso porque tais instâncias julgadoras "não tem competência para estabelecer, em caráter final, uma expectativa legítima obrigatória." (DERZI, 2009, p. 248).

Por outro lado, considerando aspectos funcionais e hierárquicos, o próprio ordenamento indica, muitas vezes implicitamente, muitas vezes expressamente, maior grau de autoridade e eficácia a determinados precedentes judiciais, inserindo-se, nesse âmbito, o papel dos Tribunais Superiores, cuja função é exatamente a de dizer a última palavra em determinada matéria, uniformizar a interpretação, e buscar a igualdade do direito também na aplicação do direito, possibilitando a aplicação da máxima *treating like cases alike*, como dizem os norte-americanos.

A Resolução 23.472, de 26 de abril de 2016 trilhou tal caminho, firmando os atos emanados pelo plenário do Tribunal Superior Eleitoral como aqueles cuja observância, tal como a lei, é obrigatória para todos, além do caso individual, e servido como referencial jurídico forte, no sentido de que em relação a eles pode ser invocado o disposto no art. 16 da Constituição de 1988.

Noutros termos, o precedente, notadamente de Tribunal Superior, firmado a partir da interpretação de um quadro normativo e eleitoral, é um referencial jurídico que merece ser protegido e estabilizado pelo próprio direito em face da necessidade de se tutelar a integridade do processo eleitoral, protegendo expectativas dos atores eleitorais contra mudanças.

O precedente firmado pelo Tribunal Superior Eleitoral sobre determinada matéria passou por um longo processo visando dar-lhe determinação, pela interpretação de vários intérpretes, desencadeando na interpretação definitiva, destinada à resolução daquele caso, mas que se insere no contexto normativo como um referencial jurídico forte, para orientar interpretações jurídicas futuras. Como tal, ele somente deve ser mudado com segurança, de forma estável, pela mediação temporal que cabe ao princípio da anualidade eleitoral.

Portanto, a anualidade eleitoral não se aplica a qualquer mudança efetuada pelo Poder Judiciário, mas às mudanças operadas em desacordo com as decisões (teses) firmadas pelo Tribunal Superior Eleitoral, alterações essas interditadas, em sua eficácia, aos juízes eleitorais, aos Tribunais Regionais Eleitorais e ao próprio Tribunal Superior Eleitoral, se efetuadas a menos de um ano de eleição.

A aplicação do princípio da anualidade eleitoral às modificações do processo eleitoral efetuadas pelo Poder Judiciário, assim, se revela mais complexa se comparada à sua aplicação às ações do legislador.

A lei geralmente é editada para o futuro, visando apanhar fatos que ainda se realizarão. E a mudança da legislação pode ocorrer fora do contexto de uma eleição. Ocorrendo fora do contexto de uma eleição, nem mesmo se cogitará de aplicação do art. 16 da Constituição de 1988. Já as decisões judiciais da Justiça Eleitoral quase sempre pressupõem uma eleição, e raramente são proferidas fora do contexto de uma eleição, resolvendo fatos que são anteriores à própria decisão.

Noutros termos, para a lei, os fatos estão no futuro. Para a decisão, estão no passado. Em razão disso, a anualidade eleitoral aplicada às alterações promovidas pelo Poder Judiciário pode ser assim sintetizada: havendo jurisprudência estabelecida, a Justiça Eleitoral deve administrar e julgar as eleições sempre de acordo com a jurisprudência já estabelecida, não aplicando as modificações de jurisprudência nem às próprias eleições em que elas se deram nem às eleições futuras, se realizadas estas a menos de um ano da viragem hermenêutica.

Tal premissa equaciona, em favor da estabilidade na mudança, ideia central do mecanismo do art. 16 da Constituição de 1988, tanto os efeitos passados, quanto os efeitos prospectivos dos atos judiciais que repercutam no processo eleitoral. Quanto ao passado, entendido esse como os fatos das eleições na qual a mudança se deu, impede-se que se frustre a confiança depositada pelas forças políticas, partidos e eleitores naquele quadro normativo que, até então, se apresentava como referencial. Assim, a mudança, embora declarada, não se aplica, preservando-se os atos praticados à luz da antiga orientação. Ao mesmo tempo, a mudança enuncia um novo quadro normativo, um novo referencial para reger futuras eleições, e que apenas não se aplicará se essas novas eleições se realizarem a menos de um ano da mudança da interpretação.

O princípio da anualidade eleitoral, assim, demanda que quando houver alteração na jurisprudência, conferindo-se nova interpretação ao quadro normativo do processo eleitoral, sejam também respeitados os fatos ocorridos anteriormente à mudança de paradigma interpretativo, impedindo-se não apenas a aplicabilidade imediata da mudança a pleitos próximos (inferiores a um ano), mas também impedindo a retroatividade da mudança a aspectos do processo eleitoral que já se realizaram ou estão a se realizar.

É o que expõe Tércio Sampaio Ferraz em lição que, mesmo que não elaborada sob o enfoque do princípio da anualidade, é plenamente aplicável ao ponto ora abordado

> Sendo o ordenamento de um sistema dinâmico e as leis emanadas pelo Legislativo, via de regra, um comando geral que comporta mais de uma possibilidade interpretativa, é preciso entender que a irretroatividade das leis refere-se à lei conforme uma de suas interpretações possíveis. Essa interpretação adotada pode ser alterada e, com isso, a lei, em termos de seu sentido, se altera.

> Em nome do direito à segurança, que exige certeza e confiança, não se pode, pois, restringir o princípio da irretroatividade à lei como mero enunciado, devendo compreender a lei como sua inteligência em determinado momento. [...]
>
> A irretroatividade é, assim, do Direito e alcança, portanto, a irretroatividade da inteligência da lei aplicada a certo caso concreto.
>
> E se o princípio vale para o Legislativo, com mais razão até há de valer, naqueles termos, para o Executivo e para o Judiciário, enquanto Poderes do Estado. (FERRAZ, 2009, p. 11)

Em verdade, o direito já possui e convive com mecanismos muito similares, de contingenciamento temporal de atos judiciais que possuam grande repercussão normativa.

Nesse sentido, o art. 27 da Lei n. 9868/99 prevê que poderá o Supremo Tribunal Federal modular os efeitos de declaração de inconstitucionalidade de atos normativos, restringindo-os. Pode aquele tribunal, ainda, decidir que a declaração só tenha eficácia a partir de seu trânsito em julgado, ou de outro momento que venha a ser fixado.

Também já foi citado o art. 927 do Código de Processo Civil de 2015 no que, para a hipótese de alteração de jurisprudência dominante do Supremo Tribunal Federal e dos tribunais superiores, ou mesmo daquela oriunda de julgamento de casos repetitivos, previu a possibilidade da modulação dos efeitos da decisão, para tutelar interesses sociais e a segurança jurídica.

Já de outros sistemas temos a figura do *prospective overruling*. Em regra, a revogação de um precedente (*overruling*) no *common law* tem efeitos retroativos, aplicando-se o novo precedente a situações que lhe são anteriores. Porém, a prática judicial tem evidenciado de tempos em tempos a necessidade de irretroatividade da nova regra, geralmente em nome da segurança jurídica e da confiança depositada pelos jurisdicionados naquele precedente revogado. Nesses casos, se atribui efeitos prospectivos à regra criada com o novo precedente (*prospective overruling*), que regulará apenas as situações ocorridas após sua edição. Chama- se ainda de *pure prospective overruling* quando a Corte não aceita que a nova regra regule

nem mesmo o próprio caso sob julgamento, muito embora se reconheça que o precedente antigo deve ser superado. (MARINONI, 2010, p. 420-422)

O princípio da anualidade eleitoral, em sua dimensão aplicável aos atos judiciais, se assemelha muito ao *pure prospective overruling*, com o diferencial de que a modulação dos efeitos independente de deliberação nesse sentido, sendo decorrente da própria disposição do art. 16 da Constituição de 1988.

Nesse tocante, pode ser obstado à aplicação do princípio da anualidade eleitoral aos atos do Poder Judiciário o fato de que somente no momento da decisão judicial é possível se dimensionar todas as variáveis que envolvem a interpretação jurídica de determinado caso, sendo esse, justamente, um dos motivos pelos quais o direito é constantemente reinterpretado, e novas interpretações de um mesmo preceito são forjadas. Noutros termos, a lei, em sua universalidade, generalidade e abstração, nem sempre consegue oferecer soluções pré-prontas para as situações do mundo real, que são muito mais ricas e podem se apresentar muito mais complexas do que aquelas situações hipoteticamente imaginadas pelo legislador ou pelo próprio interprete judicial quando, em oportunidades anteriores, se deparou com a necessidade de resolver um caso.

Em um contexto como tal, a proibição da aplicabilidade imediata da mudança da interpretação poderia gerar tanta ou mais insegurança e instabilidade do que a própria alteração geraria se efetivada imediatamente, colocando em risco o processo eleitoral, ao invés de salvaguardá-lo. Ou seja, a permanência poderia se apresentar mais perigosa ao processo eleitoral do que a mudança, realizada de forma repentina.

Em vista de um cenário como esse, cumpre dizer que essa objeção à aplicação do princípio da anualidade aos atos do Poder Judiciário não poderia realmente ser de pronto afastada, para afirmar que o princípio da anualidade nunca, em hipótese alguma, poderia ser superado, por mais forte que seja a razão.

Todavia, desde que essas razões não se confundam com alegações de aprimoramento do processo eleitoral, ela constitui muito mais um pressuposto meramente hipotético, visto que nenhuma das alterações promovidas por atos judiciais, e que foram citadas neste trabalho, se apresentaram necessárias com intensidade tal a ponto de se afirmar que o processo eleitoral, em sua normalidade e legitimidade, restaria ferido se as mudanças fossem projetadas apenas para pleitos futuros. Afinal, eleições passadas, efetuadas à base dos antigos paradigmas interpretativos, transcorreram dentro da normalidade, e foram reputadas legítimas.

Entretanto, se ainda assim permanece a objeção, a adoção da premissa de que o princípio da anualidade eleitoral deve se aplicar às decisões judiciais, pelo menos serve para que se inverta o ônus argumentativo, no sentido de constranger àquele que propõe a mudança da interpretação não apenas a fundamentar e convencer que a nova interpretação é uma melhor interpretação, em lugar da interpretação anterior, e que por isso ela deve ser aplicada. Exige-se, em acréscimo, daquele que propõe a mudança, que convença que aquela mudança, além de ser aplicada, deve ser aplicada imediatamente, sob pena de comprometimento do processo eleitoral.

Assim, ao jogar sobre o proponente da mudança todo o ônus discursivo de demonstrar a imprescindibilidade de sua aplicação imediata, no curso do processo eleitoral, a aplicação do princípio da anualidade ao Poder Judiciário não é refutada, mas, pelo contrário, afirmada. Afinal, ela continua presente na equação, a partir do momento em que o interprete é obrigado a enfrentá-la, ainda que para dizer que, naquela hipótese excepcionalíssima, tal princípio não poderá ser observado.

Num dizer mais simples: a exceção, nesse caso, apenas confirmaria a regra.

6
CONSIDERAÇÕES FINAIS

A compreensão do princípio da anualidade eleitoral passa pela sua inserção dentro de um contexto, que toma a democracia em uma perspectiva processual, e destaca a importância das regras do jogo como elemento de legitimação da conquista e exercício do poder.

As regras do jogo, quando seguras e igualitárias, oferecem legitimação e sustentam o regime democrático, porque são elas que geram (e em torno delas, são gerados) consensos entre as diversas forças políticas.

As forças políticas, conquanto antagonizem em seus ideais, consentem em convergir para o processo eleitoral porque reconhecem em sua regulação, em seu procedimento, em sentido amplo, o palco adequado para a busca do poder, para a conquista da representação nos quadros políticos do Estado.

Justamente por isso, a regulação do processo eleitoral e o estabelecimento das regras do jogo são tão importantes.

Todo o sistema se estrutura, dessa forma, por meio da regulação do processo eleitoral e, ainda, paralelamente, pelo seu controle, pois sabe-se que essas regras podem ser descumpridas, colocando em risco a democracia.

Há também sempre o risco de que a própria regulação do processo eleitoral seja desvirtuada, e o direito busca prevenir isso. Essa é a razão pela qual as bases do regime democrático estão disciplinadas no texto da Constituição, que estabelece mecanismos e garantias (tal como o voto livre e igual, o sufrágio universal, o pluralismo político, a liberdade partidária, dentre outros) para assegurar o pleno exercício dos direitos políticos e a normalidade e legitimidade das eleições.

Dentre esses instrumentos, de proteção e salvaguarda da própria democracia, está inserido o princípio da anualidade eleitoral, pensado como um remédio contra a mudança repentina do processo eleitoral, que deve ser estável, justamente porque a alteração das regras do jogo é sempre perigosa, eis que justamente em torna delas se busca estabelecer o consenso democrático, a equalização de forças políticas, que concorrem em uma sociedade pluralista.

Embora a Constituição, por meio do princípio da anualidade eleitoral, não impeça a mudança do processo eleitoral, ela exige cautela do legislador ordinário, fixando um lapso temporal no qual essa mudança não deve ocorrer. Isso é feito justamente porque é esse o momento em que as forças políticas entram em estado de ebulição, em que os ânimos se exaltam, tornando muito perigoso para a democracia que o processo eleitoral se deslegitime, exigindo-se, por isso mesmo, uma estabilização do seu quadro normativo. Protegem-se, assim, as expectativas com base nas quais se formaram os consensos, ou seja, preservam-se as regras do jogo, eis que justamente em torno delas que os consensos democráticos podem ser formados.

É possível conceber que o princípio da anualidade eleitoral, quando pensado pelo legislador constitucional, era direcionado ao legislador formal, e tinha como objetivo impedir que uma vez alçadas à direção do Estado, as maiorias eventuais fizessem do processo legislativo instrumento de interferência na normalidade e legitimidade dos pleitos eleitorais vindouros, como forma de perpetuação no poder.

Dessa forma, ao diferir no tempo a aplicação da lei eleitoral, busca-se a estabilização do quadro normativo que rege o processo eleitoral, garantindo um cenário juridicamente previsível que permita às forças políticas se desenvolverem naturalmente, possibilitando que do exercício do sufrágio resulte legítima expressão da soberania popular na escolha dos mandatários.

Ocorre que tudo isso foi pensado numa ótica, e segundo uma lógica, segundo a qual o apenas o legislador cria o direito, e o juiz apenas o aplica.

Entretanto, essa lógica passa a ser contestada a partir do momento em que se percebe que a mudança do processo eleitoral, de sua regulação, também ocorre por ação do Poder Judiciário, com grande intensidade.

Ainda que as leis eleitorais permaneçam imutáveis nos anos eleitorais, é uma realidade incontestável a de que a jurisprudência dos tribunais se altera sem que tenha havido qualquer mudança nos textos legais. É um dado da realidade, e não é diferente no âmbito da jurisprudência em matéria eleitoral, somando-se a essa circunstância o fato da Justiça Eleitoral ser dotada de função normativa e consultiva.

Assim como ocorre com a própria alteração dos textos legais, a abrupta mudança da interpretação da lei pela Justiça Eleitoral exerce enorme influência no quadro normativo que rege o processo eleitoral.

Isso porque, a modificação da interpretação da lei pela Justiça Eleitoral tem repercussão na expectativa normativa de comportamento para todos os partícipes do processo eleitoral, afetando a confiança, segurança e igualdade de chances que devem nortear as eleições.

Sob esse enfoque, se a estabilização do processo eleitoral, como mecanismo de proteção das regras do jogo (em torno das quais se estabelece o consenso, e que sustenta e legitima a democracia), é a força motriz do princípio da anualidade eleitoral, as conclusões apontam no sentido de aplicá-lo também às mudanças do processo eleitoral resultantes das ações do Poder Judiciário.

Conquanto o Brasil tenha se estruturado no sentido de estabelecer a regulação e o controle do processo eleitoral como mecanismos complementares, atribuindo-os a organismos diversos, amparando-se na ideia de desconfiança do legislador, e de neutralidade do juiz, tal razão é insuficiente para limitar o princípio da anualidade eleitoral apenas às ações daquele. É que a realidade demonstra que o processo eleitoral pode sofrer profundas modificações sem que o legislador formal tenha atuado, decorrendo tais mudanças de nova interpretação dos preceitos normativos que regulam o processo eleitoral.

Essas modificações do processo eleitoral, resultantes exclusivamente de novas interpretações do mesmo arcabouço normativo que o rege, também podem se mostrar nocivas à dinâmica eleitoral, desestabilizando-a, interferindo na equalização de forças, na igualdade entre candidatos.

Nesse contexto, a realidade das práticas judiciais impõe o redesenho do princípio da anualidade eleitoral, de forma a lhe extrair máxima efetividade, permitindo a normalidade e legitimidade das eleições pela estabilização das regras do jogo, ou para que as mudanças do processo eleitoral ocorram de forma estável.

Assim, o âmbito de proteção do princípio da anualidade eleitoral não deve ficar restrito ao Poder Legislativo e ao processo legislativo formal. Deve alcançar também o Poder Judiciário, especialmente a Justiça Eleitoral, quando, no exercício de suas atribuições, promove modificações na interpretação dos preceitos constitucionais e legais que dizem respeito ao processo eleitoral.

De tal sorte, mudanças de interpretação da lei eleitoral não devem impactar no processo eleitoral em curso, mas apenas nos pleitos subsequentes, como forma de tutelar a normalidade e legitimidade do processo eleitoral e o pleno exercício dos direitos políticos.

REFERÊNCIAS

ALMEIDA NETO, Manoel Carlos de. **Direito eleitoral regulador**. São Paulo: Revista dos Tribunais, 2014.

ÁVILA, Humberto. **Segurança jurídica**: entre permanência, mudança e realização no direito tributário. 3. ed. São Paulo: Malheiros, 2015.

BASTOS, Celso Seixas Ribeiro; MARTINS, Ives Gandra da Silva. **Comentários à Constituição do Brasil**. São Paulo: Saraiva, 2000.

BARROSO, Luís Roberto. **Curso de direito constitucional contemporâneo**. São Paulo: Saraiva, v. 1, 2009.

BARROSO, Luís Roberto. **Interpretação e aplicação da constituição**. São Paulo: Saraiva, 2006.

BARROSO, Luís Roberto. **Judicialização, ativismo judicial e legitimidade democrática**. Disponível em:

<http://www.oab.org.br/editora/revista/users/revista/1235066670174218181901.pdf> Acesso em: 21/10/2015.

BOBBIO, Norberto. **Teoria geral da política:** a filosofia política e as lições dos clássicos. Rio de Janeiro: Campus, 2000.

BOBBIO, Norberto. NOGUEIRA, Marco Aurélio. **Estado, governo, sociedade**: para uma teoria geral da política. Rio de Janeiro: Paz e Terra, 1987.

BOBBIO, Norberto; NOGUEIRA, Marco Aurélio. **O futuro da democracia:** uma defesa das regras do jogo. Rio de Janeiro: Paz e Terra, 1997.

BONAVIDES, Paulo. **Ciência Política**. São Paulo: Malheiros, 1994.

BONAVIDES, Paulo. **Curso de direito constitucional.** 9. ed. São Paulo: Malheiros, 2000.

BRASIL. **Ata da comissão de sistematização da Assembleia Nacional Constituinte.** 1987. Disponível em: < http://www.senado.leg.br/publicacoes/anais/constituinte/sistema

.pdf>. Acesso em: 10 abr. 2016.

BRASIL. Constituição Política do Império do Brasil. **Carta Lei.** Rio de Janeiro 11 dez. 1823. BRASIL. Constituição da República dos Estados Unidos do Brasil. **Diário Oficial da União.**

Rio de Janeiro, 16 jul. 1934.

BRASIL. Constituição da República dos Estados Unidos do Brasil. **Diário Oficial da União.**

Rio de Janeiro, 10 nov. 1937.

BRASIL. Constituição da República dos Estados Unidos do Brasil. **Diário Oficial da União.**

Rio de Janeiro, 19 set. 1946.

BRASIL. Constituição da República Federativa do Brasil de 1967. **Diário Oficial da União.**

Brasília, 24 jan. 1967.

BRASIL. Constituição de 1988. Constituição da República Federativa do Brasil de 1988.

Diário Oficial da União. Brasília, 05 out. 1988.

BRASIL. Decreto n. 2.675, de 20 de outubro de 1875. Reforma a legislação eleitoral.

Coleção de Leis do Império do Brasil. Rio de Janeiro, 28 out. 1875.

BRASIL. Decreto-Lei n. 4.657, de 4 de setembro de 1942. Lei de Introdução às normas do Direito Brasileiro. **Diário Oficial da União.** Rio de Janeiro, 17 jun. 1943.

BRASIL, Decreto-Lei n. 7.586, de 28 de maio de 1945. Regula, em todo país, o alistamento eleitoral e a eleições a que se refere o artigo 4 da Lei Constitucional n. 9, de 28 de fevereiro de 1945. **Diário Oficial na União.** Rio de Janeiro, 28 mai. 1945.

BRASIL, Decreto-Lei n. 21.076, de 24 de fevereiro de 1932. Decreta o Código Eleitoral.

Diário Oficial da União. Rio de Janeiro, 26 fev. 1932.

BRASIL. Emenda Constitucional n. 4, de 14 de setembro de 1993. Dá nova redação ao art. 16 da Constituição Federal. **Diário Oficial da União.** Brasília, 15 set. 1993.

BRASIL. Emenda Constitucional n. 52, de 8 de março de 2006. Dá nova redação ao § 1 do art. 17 da Constituição Federal para disciplinar as coligações eleitorais. **Diário Oficial da União**. Brasília, 09 mar. 2006c.

BRASIL. Emenda Constitucional n. 58, de 23 de setembro de 2009. Altera a redação do inciso IV do caput do art. 29 e do art. 29-A da Constituição Federal, tratando das disposições relativas à recomposição das Câmaras Municipais. **Diário Oficial da União**. Brasília, 24 set. 2009c.

BRASIL. Lei Complementar n. 64, de 18 de maio de 1990. Estabelece, de acordo com o art. 14, § 9 da Constituição Federal, casos de inelegibilidade, prazos de cessação, e determina outras providências. **Diário Oficial da União**. Brasília, 21 maio 1990.

BRASIL. Lei Complementar n. 95, de 25 de fevereiro de 1998. Dispõe sobre a elaboração, a redação, a alteração e a consolidação das leis, conforme determina o parágrafo único do art. 59 da Constituição Federal, e estabelece normas para a consolidação dos atos normativos que menciona. **Diário oficial da União.** Brasília, 27 fev. 1998a

BRASIL. Lei Complementar n. 135, de 4 de junho de 2010. Altera a Lei Complementar no 64, de 18 de maio de 1990, que estabelece, de acordo com o § 9o do art. 14 da Constituição Federal, casos de inelegibilidade, prazos de cessação e determina outras providências, para incluir hipóteses de inelegibilidade que visam a proteger a probidade administrativa e a moralidade no exercício do mandato. **Diário oficial da União.** Brasília, 07 jun. 2010b.

BRASIL, Lei n. 4.737, de 15 de julho de 1965. Institui o Código Eleitoral. **Diário Oficial na União.** Brasília, 19 jul. 1965.

BRASIL. Lei n. 8.037, de 25 de maio de 1990. Altera os arts. 176 e 177 da Lei nº 4.737, de 15 de julho de 1965, que instituiu o Código Eleitoral, com as alterações promovidas pelas Leis nºs 6.989, de 5 de maio de 1982 e 7.332, de 1 de julho de 1985, e dá outras providências. **Diário Oficial da União**. Brasília, 28 maio 1990.

BRASIL. Lei n. 9504, de 30 de setembro de 1997. Estabelece normas para as eleições. **Diário Oficial na União.** Brasília, 01 dez. 1997.

BRASIL. Lei n. 9.868, de 10 de novembro de 1999. Dispõe sobre o processo e julgamento da ação direta de inconstitucionalidade e da ação declaratória de constitucionalidade perante o Supremo Tribunal Federal. **Diário Oficial da União**. Brasília, 11 nov. 1999.

BRASIL. Lei n. 11.300, de 10 de maio de 2006. Dispõe sobre propaganda, financiamento e prestação de contas das despesas com campanhas eleitorais, alterando a Lei no 9.504, de 30 de setembro de 199. **Diário Oficial da União.** Brasília, 11 maio de 2006b.

BRASIL. Lei n. 12.034, de 29 de setembro de 2009. Altera as Leis nos 9.096, de 19 de setembro de 1995 - Lei dos Partidos Políticos, 9.504, de 30 de setembro de 1997, que estabelece normas para as eleições, e 4.737, de 15 de julho de 1965 - Código Eleitoral. **Diário Oficial da União**. Brasília, 30 set. 2009d.

BRASIL. Lei n. 12.891, de 11 de dezembro de 2013. Altera as Leis nos 4.737, de 15 de julho de 1965, 9.096, de 19 de setembro de 1995, e 9.504, de 30 de setembro de 1997, para diminuir o custo das campanhas eleitorais, e revoga dispositivos das Leis nos 4.737, de 15 de julho de 1965, e 9.504, de 30 de setembro de 1997. **Diário Oficial da União**. Brasília, 09 jan. 2014.

BRASIL. Lei n. 13.165, de 29 de setembro de 2015. Altera as Leis nos 9.504, de 30 de setembro de 1997, 9.096, de 19 de setembro de 1995, e 4.737, de 15 de julho de 1965 - Código Eleitoral, para reduzir os custos das campanhas eleitorais, simplificar a administração dos Partidos Políticos e incentivar a participação feminina. **Diário Oficial da União.** Brasília, 29 de set. 2015.

BRASIL. Tribunal Superior Eleitoral. Consulta n. 39-19 Rel. Min. Gilson Dipp. **Diário da Justiça Eletrônico.** Brasília, 27.abr. 2012a.

BRASIL. Tribunal Superior Eleitoral. Consulta nº 715, Resolução nº 21002 de 26/02/2002, Relator(a) Min. JACY GARCIA VIEIRA, Publicação: **Diário de Justiça,** Volume 1, Data 15/03/2002b, Página 183 RJTSE - Revista de Jurisprudência do TSE, v.13, Tomo 2, p.389.

BRASIL. Tribunal Superior Eleitoral. Consulta nº 193790, Acórdão de 26/08/2010, Relator(a) Min. MARCELO HENRIQUES RIBEIRO DE OLIVEIRA, Publicação: **Diário da Justiça Eletrônico**, Data 17/09/2010, p. 35.

BRASIL. Tribunal Superior Eleitoral. Consulta n° 1617, Rel. Min. Felix Fischer, **Diário de justiça eletrônico,** de 20.2.2009a.

BRASIL. Tribunal Superior Eleitoral. Consulta n° 172450, rel. Min. Gilson Dipp, **Diário de justiça eletrônico,** de 24.2.2012.

BRASIL. Tribunal Superior Eleitoral. Mandado de Segurança n. 1501, Acórdão nº 12165 de 06/02/1992, Relator(a) Min. AMÉRICO LUZ, Publicação: **Diário de Justiça,** Data 06/05/1992, Página 6089 RJTSE - Revista de Jurisprudência do TSE, v. 4, Tomo 2, p.113.

BRASIL. Tribunal Superior Eleitoral. Recurso Especial Eleitoral nº 32507, Acórdão de 17/12/2008b, Relator(a) Min. EROS ROBERTO GRAU, Publicação: **PSESS** - Publicado em Sessão, Data 17/12/2008 RJTSE - Revista de jurisprudência do TSE, v. 20, Tomo 1, Data 17/12/2008, p.362.

BRASIL. Tribunal Superior Eleitoral. Instrução nº 55, Resolução nº 20993 de 26/02/2002, Relator(a) Min. FERNANDO NEVES DA SILVA, Publicação: DJ - Diário de Justiça, Volume 1, Data 12/03/2002, Página 145 REPDJ - Republicado no Diário de Justiça, Volume 1, Data 11/04/2002, Página 115

BRASIL. Tribunal Superior Eleitoral. Petição nº 1442, Resolução nº 21702 de 02/04/2004, Relator(a) Min. José Paulo Sepúlveda Pertence, Publicação: **Diário de Justiça,** Data 6/4/2004, Página 81 REPDJ - Republicado no Diário de Justiça, Data 12/4/2004, p. 91

BRASIL. Tribunal Superior Eleitoral. Instrução nº 154264, Resolução nº 23376 de 01/03/2012, Relator(a) Min. Arnaldo Versiani Leite Soares, Publicação: **Diário da Justiça Eletrônico**, Tomo 43, Data 05/03/2012b, Página 45-61 REPDJE - Republicado DJE, Tomo 143, Data 27/07/2012, p. 3-14.

BRASIL. Tribunal Superior Eleitoral. Processo Administrativo nº 37218, Resolução nº 23472 de 17/03/2016, Relator(a) Min. José Antônio Dias Toffoli, Publicação: **Diário de Justiça Eletrônico**, Data 26/04/2016, p. 76-78.

BRASIL. Tribunal Superior Eleitoral. Resolução n. 22610 de 25/10/2007, Relator(a) Min. ANTONIO CEZAR PELUSO, Publicação: Diário da justiça, Data 30/10/2007, p. 169 REPDJ

- Republicado no **Diário de Justiça**, Data 27/03/2008, p. 11.

BRASIL. Tribunal Superior Eleitoral. Resolução n. 22733 de 11/03/2008, Relator(a) Min. ANTONIO CEZAR PELUSO, Publicação: **Diário de justiça**, Data 27/3/2008, p. 11.

BRASIL. Tribunal Superior Eleitoral. Resolução n. 23389 de 09/04/2013, Relator(a) Min. FÁTIMA NANCY ANDRIGHI, Publicação: **Diário de justiça eletrônico,** Tomo 98, Data 27/05/2013, p. 70/71.

BRASIL. Supremo Tribunal Federal. ADC 29, Relator(a): Min. LUIZ FUX, Tribunal Pleno, julgado em 16/02/2012, PROCESSO ELETRÔNICO. **Diário de justiça eletrônico** - 127 DIVULG 28-06-2012 PUBLIC 29-06-2012 RTJ VOL-00221- PP-00011.

BRASIL. Supremo Tribunal Federal. ADPF 144, Relator(a): Min. CELSO DE MELLO, Tribunal Pleno, julgado em 06/08/2008a, **Diário de justiça eletrônico** - 035 DIVULG 25-02- 2010 PUBLIC 26-02-2010d EMENT VOL-02391-02 PP-00342 RTJ , v-00215- p.-00031.

BRASIL. Supremo Tribunal Federal. Ação Direta de Inconstitucionalidade n. 354. Relator: Ministro Octavio Galotti. Julgamento: 24/09/1990. **Diário de Justiça,** 22-06-2001 p.00023 EMENT, v.-02036-01 p.00001.

BRASIL. Supremo Tribunal Federal. ADI 605 MC, Relator(a): Min. CELSO DE MELLO, Tribunal Pleno, julgado em 23/10/1991, **Diário de Justiça** 05-03-1993b PP-02897 EMENT, v.-01694-02, p.-00252.

BRASIL. Supremo Tribunal Federal. Ação Direta de Inconstitucionalidade n 733,

Relator(a): Min. SEPÚLVEDA PERTENCE, Tribunal Pleno, julgado em 17/06/1992, **Diário de Justiça,** 16-06-1995 PP-18213 EMENT, v.-01791-02, p.-00238.

BRASIL. Supremo Tribunal Federal. Ação Direta de Inconstitucionalidade n 815, Relator(a): Min. MOREIRA ALVES, Tribunal Pleno, julgado em 28/03/1996, **Diário de Justiça,** 10-05-1996 PP-15131 EMENT, v.01827-02, p.-00312.

BRASIL. Supremo Tribunal Federal. Ação Direta de Inconstitucionalidade n 2628, Relator(a): Min. SYDNEY SANCHES, Relator(a) p/ Acórdão: Min. ELLEN GRACIE, Tribunal Pleno, julgado em 18/04/2002, **Diário de Justiça,** 05-03-2004c PP-00013 EMENT, v.-02142-04 p.-00535.

BRASIL. Supremo Tribunal Federal. Ação Direta de Inconstitucionalidade n.3345, Relator(a): Min. CELSO DE MELLO, Tribunal Pleno, julgado em 25/08/2005, **Diário de justiça eletrônico** -154 DIVULG 19-08-2010c PUBLIC 20-08-2010 EMENT, v.-02411-01 PP-00110 RTJ, v.-00217- p.-00162.

BRASIL. Supremo Tribunal Federal. Ação Direta de Inconstitucionalidade n. 3685, Relator (a): Min. ELLEN GRACIE, Tribunal Pleno, julgado em 22/03/2006a, **Diário de Justiça,** 10- 08-2006 PP-00019 EMENT VOL-02241-02 PP-00193 RTJ, v.-00199-03, p.-00957.

BRASIL. Supremo Tribunal Federal. Ação Direta de Inconstitucionalidade n.3741, Relator (a): Min. RICARDO LEWANDOWSKI, Tribunal Pleno, julgado em 06/08/2006, **Diário de Justiça,** 23-02-2007 PP-00016 EMENT, v-02265-01, p.-00171.

BRASIL. Supremo Tribunal Federal. Ação Direta de Inconstitucionalidade n. 3999, Relator(a): Min. JOAQUIM BARBOSA, Tribunal Pleno, julgado em 12/11/2008, **Diário de justiça eletrônico-** 071 DIVULG 16-04-2009b PUBLIC 17-04-2009 EMENT VOL-02356- 01 PP-00099 RTJ, v.-00208-03, p.-01024.

BRASIL. Supremo Tribunal Federal. Ação Direta de Inconstitucionalidade n. 4307, Relator(a): Min. CÁRMEN LÚCIA, Tribunal Pleno, julgado em 11/04/2013, ACÓRDÃO ELETRÔNICO **Diário de justiça eletrônico** -192 DIVULG 30-09-2013 PUBLIC 01-10- 2013.

BRASIL. Supremo Tribunal Federal. Ação Direta de Inconstitucionalidade n.5028, Relator(a): Min. GILMAR MENDES, Relator(a) p/ Acórdão: Min. ROSA WEBER, Tribunal Pleno, julgado em 01/07/2014, PROCESSO ELETRÔNICO **Diário de justiça eletrônico** -213 DIVULG 29-10-2014 PUBLIC 30-10-2014a.

BRASIL. Supremo Tribunal Federal. RE 197917, Relator(a): Min. MAURÍCIO CORRÊA, Tribunal Pleno, julgado em 06/06/2002, **Diário de Justiça**, 07-05-2004b PP-00008 EMENT VOL-02150-03 PP-00368.

BRASIL. Supremo Tribunal Federal. RE 566621, Relator(a): Min. ELLEN GRACIE, Tribunal Pleno, julgado em 04/08/2011, REPERCUSSÃO GERAL - MÉRITO **Diário de**

justiça eletrônico -195 DIVULG 10-10-2011b PUBLIC 11-10-2011 EMENT VOL-02605- 02 PP-00273 RTJ, v.-00223-01, p.-00540.

BRASIL. Supremo Tribunal Federal. RE 633703, Relator(a): Min. GILMAR MENDES, Tribunal Pleno, julgado em 23/03/2011, Repercussão Geral - Mérito **Diário de justiça eletrônico** . 219 DIVULG 17-11-2011 PUBLIC 18-11-2011 RTJ VOL-00221- PP-00462 EMENT, v.-02628-01, p.-00065.

BRASIL. Supremo Tribunal Federal. RE 637485, Relator(a): Min. GILMAR MENDES, Tribunal Pleno, julgado em 01/08/2012, ACÓRDÃO ELETRÔNICO Diário de justiça eletrônico. -095 DIVULG 20-05-2013 PUBLIC 21-05-2013b.

BUSTAMANTE, Thomas da Rosa de. **Teoria do precedente judicial: a justificação e aplicação de regras jurisprudenciais**. São Paulo: Noeses, 2012

CAGGIANO, Monica Herman Salem. **Legalidade, legitimidade e corrupção em campanhas eleitorais**. 7. ed. Revista trimestral de direito público. 1994.

CAMPOS, Adriana. ALVES, B. B. C. As ouvidorias públicas e o exercício da cidadania no contexto do Estado Democrático de Direito. In: CAMPOS, Adriana; SILVA, Carla Ribeiro Volpi. **Governança pública, atuação judicial e direitos humanos**. Belo Horizonte: Initia Via, 2012, p. 131-156, v. 5.

CAMPOS, Adriana; STUDART, P. H. M. Reflexões sobre a criação de novos partidos políticos e a distribuição dos recursos do fundo partidário e do tempo de acesso gratuito ao Rádio e à Televisão. In: RIBEIRO, P. H; COSTA, M. A. M. F; GUERRA, A. M. S. (Org.).

Direito Eleitoral: leituras complementares. Belo Horizonte: D´Plácido Editora, 2014, p. 99- 116, v.5.

CANOTILHO, José Joaquim Gomes. **Direito constitucional e teoria da constituição.** 7. ed. Coimbra: Almedina, 2003.

CARVALHO FILHO, José dos Santos. **Manual de direito administrativo**. 11. ed. Rio de Janeiro: Lúmen Júris, 2004.

CASTRO, Edson de Resende. **Teoria e prática do direito eleitoral**. Belo Horizonte: Del Rey, 2010.

CASTRO, Edson Rezende. A minirreforma Eleitoral de 2013 e sua Aplicabilidade às Eleições de 2014. In: RIBEIRO, P. H; COSTA, M. A. M. F; GUERRA, A. M. S. (Org.). **Direito**

Eleitoral: leituras complementares. Belo Horizonte: D´Plácido Editora, 2014, p. 99-116, v.5.

CASTRO FILHO, Osvaldo Alves de. **Direito deviniente**. 2012. 96f. Tese (Filosofia e Teoria Geral do Direito). Universidade de São Paulo. São Paulo. 2012.

COELHO, Inocêncio Mártires. **Interpretação constitucional**. Porto Alegre: Sergio Antonio Fabris, 2003.

COSTA, Adriano Soares da. **Instituições de Direito Eleitoral: teoria da inelegibilidade, direito processual eleitoral, comentários à lei eleitoral**. Del Rey, 2002.

DAHL, Robert A. **Sobre a democracia**. Brasília: Editora da UnB, 2001. DALLARI, Dalmo de Abreu. **Elementos de teoria geral do Estado**. Saraiva, 2007.

DANTAS, Sivanildo de Araújo. **Direito eleitoral**: teoria e prática do procedimento das eleições brasileiras. Paraná: Juruá Editora, 2004.

DERZI, Misabel Abreu Machado. **Modificações da jurisprudência no direito tributário.**

São Paulo: Noeses, 2009.

DIAMOND, Larry; MORLINO, Leonardo. **The Quality of Democracy**. Center on Democracy, Development, and The Rule of Law; Stanford Institute of International Studies. Stanford University, nº 20, Stanford: 21 de September: United States, 2004.

DINAMARCO, Cândido Rangel. **A instrumentalidade do Processo**. São Paulo: Editora RT, 1987, v. 420.

ESTRELLA, André Luiz Carvalho. Normas Constitucionais Inconstitucionais. **Revista de Direito da Procuradoria Geral**, v. 58, p. 39-65, 2004.

FAGUNDES, M. Seabra. Das funções do Estado. In: FAGUNDES, M. Seabra. **O controle dos atos administrativos pelo Poder Judiciário**. 3. ed. Rio de Janeiro: Revista Forense, 1957.

FERNANDES, Bernardo Gonçalves. **Curso de direito constitucional**. 5. ed. Salvador: JusPodivm, 2013.

FERRAZ JR, Tércio Sampaio; CARRAZA, Roque Antônio; NERY JR, Nelson. **Efeito ex nunc e as decisões do STJ**, 2009.

FERREIRA, Pinto. **Princípios gerais do direito constitucional moderno**. Tomo I/195-196, item n. 8, 5. ed., 1971, RT.

FOLHA DE SÃO PAULO. Corte de vereadores vai afetar cidades com até 600 mil pessoas. **Folha de São Paulo.** 2004. Disponível em: < http://www1.folha.uol.com.br/folha/ brasil/ult96u62083.shtml>. Acesso em: 21 out. 2013.

GOMES, José Jairo. **Direito eleitoral.** São Paulo: Editora Atlas, 2013.

GOMES, Suzana de Camargo. **A justiça eleitoral e sua competência.** São Paulo: Editora Revista dos Tribunais, 1998.

GRAU, Eros Roberto. **Por que tenho medo dos juízes:**(a interpretação/aplicação do direito e os princípios). 6. ed. São Paulo: Malheiros, 2013.

HÄBERLE, Peter. **Hermenêutica Constitucional – a Sociedade Aberta dos Intérpretes da Constituição: Contribuição para a interpretação Pluralista e "Procedimental" da Constituição da Constituição.** Tradução de Gilmar Ferreira Mendes. Porto Alegre: Sérgio Antônio Fabris editor, 1997.

KELSEN, Hans. **A Democracia**. 2. ed. São Paulo: Martins Fontes, 2000.

LASSALE, Ferdinand. **O que é uma Constituição?** Belo Horizonte: Líder, 2004.

LEAL, Victor Nunes. **Coronelismo, enxada e voto.** 7. ed. São Paulo: Editora Companhia das Letras, 2012.

MARINONI, Luiz Guilherme. **Precedentes obrigatórios.** São Paulo: Revista dos Tribunais, 2010.

MENDES, Conrado Hübner. **Controle de constitucionalidade e democracia**. São Paulo: Elsevier Brasil, 2008.

MENDES, Gilmar Ferreira. **Curso de direito constitucional.** Paulo Gustavo Gonet Branco.

9. ed. rev. e atual. São Paulo: Saraiva, 2014.

MENDES, Gilmar Ferreira; COELHO, Inocêncio Mártires; GONET BRANCO, Paulo Gustavo. **Curso de direito constitucional.** São Paulo: Saraiva, 2008.

MEZZAROBA, Orides. **Introdução do Direito Partidário Brasileiro**. Rio de Janeiro: Editora Lúmen Júris, 2003.

REALE, Miguel. **Filosofia do direito**. Saraiva, 1982.

MÜLLER, Friedrich. **Quem é o povo**? A questão fundamental da democracia. São Paulo: Max Limonad, 2003, v. 3.

PATEMAN, Carole. **Participation and democratic theory**. Cambridge University Press, 1970.

PEREIRA, Rodolfo Viana. **Tutela coletiva no direito eleitoral**: controle social e fiscalização das eleições. Rio de Janeiro: Editora Lumen Juris, 2008.

PIMENTA, José Carlos. **Processo eleitoral e controle jurisdicional**. Belo Horizonte: Mandamentos, 2002.

PORTUGUAL. **Base da constituição política da monarquia portuguesa**. Lisboa. 10 mar. 1821.

RAMAYANA, Marcos. **Direito eleitoral.** Rio de Janeiro: Impetus, 2008.

RIBEIRO, Fávila. **Direito eleitoral**. Rio de Janeiro: Forense, 2000.

RIBEIRO, Fávila. **Pressupostos constitucionais do direito eleitoral**: no caminho da sociedade participativa. Porto Alegre: SA Fabris Editor, 1990.

SALGADO, Eneida Desirée. **Princípios constitucionais estruturantes do direito eleitoral.**

Curitiba: Fórum, 2010.

SCHMITT, Carl. **Legalidade e legitimidade**. Belo Horizonte: Del Rey, 2007.

SCHUMPETER, Joseph A. **Capitalismo, socialismo e democracia.** Trad. de Ruy Jungmann. Rio de Janeiro: Jorge Zahar, 1961.

SILVA, Thiago; SILVA, Estevão. Eleições no Brasil antes da democracia: o Código Eleitoral de 1932 e os pleitos de 1933 e 1934. **Revista de Sociologia e Política,** v.23, n. 56, p. 75-106, 2015.

SILVA, José Afonso da. **Curso de Direito Constitucional.** 19. ed. São Paulo: Ed. Malheiros, 2001.

SILVEIRA, José Néri da. **Aspectos do processo eleitoral.** Porto Alegre: Livro do Advogado, 1998.

STUDART, P. H. M.; SANTOS, P. P. . Limitações ao exercício dos direitos políticos passivos: um estudo sobre a hipótese de inelegibilidade decorrente de condenação criminal. In: Jonathan Barros Vita; Marcos Augusto Maliska. (Org.). **Direitos Fundamentais e Democracia II**. 1ed. Florianópolis: Conpedi, 2014, v. 1, p. 237-264.

TORRES, Heleno Taveira. **Direito constitucional tributário e segurança jurídica**. São Paulo: Revista dos Tribunais, 2011.

VALE, André Rufino do. A garantia fundamental da anterioridade eleitoral: algumas reflexões em torno da interpretação do art. 16 da Constituição. **Revista Brasileira de Direito Eleitoral**. Belo Horizonte, v. 3, n. 4, jan./jun. 2011.

WALDRON, Jeremy. **A dignidade da legislação**. São Paulo: Martins Fontes, 2003.